อักษรเป็นระบบความจำ **มายแมพ - วรรณยุกต์, อักษรไทย**

마인드맵 성조 태국어 문자

อักษรเป็นระบบความจำ มายแมพ - วรรณยุกต์, อักษรไทย

마인드맵 성조 태국어 문자

초판 2쇄 인쇄 2022년 10월 17일
초판 2쇄 발행 2022년 10월 31일

지은이 피무
펴낸이 서덕일
펴낸곳 언어평등

기획 서민우 **편집진행 및 교정** 조소영 **디자인** 문인주 **일러스트** 김성경(มะลิ)
오디오 녹음 이니스닷컴 **출력 및 인쇄** 천일문화사 **제본** 대흥제책

출판등록 2018.6.5 (제2018-63호)
주소 경기도 파주시 회동길 366 3층 (10881)
전화 (02) 499-1281~2 **팩스** (02) 499-1283
전자우편 eqlangs@moonyelim.com
홈페이지 www.EQlangs.com

ISBN 979-11-970617-9-0 (13730)
값 15,000원

마인드맵 성조 태국어 문자

อักษรเป็นระบบความจำ

มายแมพ – วรรณยุกต์, อักษรไทย

언어평등

머리말

จุดเริ่มต้นของการเรียนภาษาคือตัวอักษร

쭛 르ㅓ-ㅁ똔 커-ㅇ 까-ㄴ 리-얀 파-싸- 크- 뚜-워 악써-ㄴ

모든 언어 학습에서 출발점은 그 나라 언어의 문자 학습이라고 해도 과언이 아닐 것입니다. 문자가 가지고 있는 고유의 소리를 익히고, 소리를 조합하여 단어를 읽어내는 단계를 거쳐야 비로소 언어 학습을 시작했다고도 할 수 있는데요, 태국어는 문자뿐만 아니라 한국어에 존재하지 않는 발음과 발음의 예외, 그리고 성조 규칙까지 있기 때문에 태국어 학습을 시작하는 단계의 학습자 분들께서 어려움을 경험하고 중도에 포기하는 사례가 많다는 것을 알게 되었습니다.

물론 학습자분들의 개별적인 목적성에 따라 한국식 발음기호 또는 영어로 표기된 발음기호를 통하여 문자가 아닌 문장으로 학습을 시작하게 된다면(예를 들어 여행을 목적으로 가볍게 학습하는 정도) 자칫 실제 태국어 발음과 동떨어진 발음을 익히게 되거나 문법을 구사하면서 어순의 정리가 어려워지는 등의 문제가 발생할 수도 있게 됩니다.

시중의 많은 태국어 교재는 태국어의 문자와 성조 학습에 대해 교재의 지면을 많이 할애하지 않고 있었습니다. 학습해야 하는 내용이 교재의 편재된 분량과 무관하지 않다는 것을 고려한다면 학습자가 독학으로 문자 학습을 하는 것이 얼마나 어려운 일인 지 짐작이 될 것입니다.

저자는 위와 같은 태국어의 출발점인 문자와 성조 학습의 어려움, 그리고 독학으로 문자 학습을 해낼 수 있는 교재의 부족함을 느끼면서 오랜 기간 고민하며 연구해 온 끝에 본 교재를 출간하게 되었습니다. 본 교재는 다음과 같이 구성하였습니다.

1) 자음을 학습하는 단계에서부터 성조의 기본 원리를 동시에 익힐 수 있도록 구성하였습니다.
2) 가독성을 높이기 위하여 마인드맵 형식으로 본문을 구성하였습니다.
3) 이론과 함께 예시 단어를 제시하여 읽기 연습뿐만 아니라 단어 학습의 기초를 다질 수 있도록 구성하였습니다.
4) 학습 효율성을 최대한 높이기 위하여 본 책과 워크북을 분리, 본 책에서 학습한 내용을 워크북을 통해 직접 적용하여 바르게 읽는 연습을 할 수 있도록 구성하였습니다.

이 책이 태국어 학습자들의 문자 학습에 있어 작은 소금이 되기를 간절히 바랍니다.
어려운 요청에도 믿어 주시고 아낌없는 노력을 해 주신 도서출판 문예림 관계자 여러분과 바쁘신 중에도 감수를 흔쾌히 맡아 주신 태국 쭐라롱껀대학교 태국어 어학센터의 **ดนัย พลอยพลาย** [다나이 플러-이플라-이] 교수님께 진심으로 감사드립니다.

피무 **พี่หมู**

목차

태국어의 자음과 모음

1 태국어의 자음

1-1

자음	단어	그림	자음 발음	단어 발음	분류
ก	ไก่		[꺼̄-]	[까̀이]	중자음
ข	ไข่		[커̌-]	[카̀이]	고자음
(ฃ)	ขวด		[커̌-]	[쿠̀엉]	고자음
ค	ควาย		[커̄-]	[콰̄이]	저자음
(ฅ)	คน		[커̄-]	[콘̄]	저자음
ฆ	ระฆัง		[커̄-]	[라́r캉̄]	저자음
ง	งู		[응̄어-]	[응̄우-]	저자음
จ	จาน		[쩌̄-]	[짜̄-ㄴ]	중자음
ฉ	ฉิ่ง		[처̌-]	[칭̀]	고자음
ช	ช้าง		[처̄-]	[차́-ㅇ]	저자음
ซ	โซ่		[써̄-]	[쏘̂-]	저자음
ฌ	เฌอ		[처̄-]	[츠̄ㅓ-]	저자음
ญ	หญิง		[여̄y-]	[잉̌y]	저자음
ฎ	ชฎา		[더̄-]	[차́다̄-]	중자음
ฏ	ปฏัก		[떠̄-]	[빠̀딱̀]	중자음
ฐ	ฐาน		[터̌-]	[타̌-ㄴ]	고자음

*자음 중 (ฃ)와 (ฅ)은 현재 사용하지 않아요.

ฑ มณโฑ

[터-] [몬토-]
저자음

ฒ ผู้เฒ่า

[터-] [푸-타오]
저자음

ณ เณร

[너-] [네-ㄴ]
저자음

ด เด็ก

[더-] [덱]
중자음

ต เต่า

[떠-] [따오]
중자음

ถ ถุง

[터-] [퉁]
고자음

ท ทหาร

[터-] [타하-ㄴ]
저자음

ธ ธง

[터-] [통]
저자음

น หนู

[너-] [누-]
저자음

บ ใบไม้

[버-] [바이마이]
중자음

ป ปลา

[뻐-] [쁠라]
중자음

ผ ผึ้ง

[퍼-] [픙]
고자음

ฝ ฝา

[훠f-] [화f-]
고자음

พ พาน

[퍼-] [파-ㄴ]
저자음

ฟ ฟัน

[훠f-] [환f]
저자음

ภ สำเภา

[퍼-] [쌈파오]
저자음

ม ม้า 	ย ยักษ์ 	ร เรือ 	ล ลิง 
[머̄-] [마́-]	[여̄y-] [약́y]	[러̄r-] [르̄r-아]	[러̄(ㄹ)-] [링̄]
저자음	**저**자음	**저**자음	**저**자음

ว แหวน 	ศ ศาลา 	ษ ฤาษี 	ส เสือ 
[워̄w-] [웨w̌-ㄴ]	[써̌-] [싸̌(ㄹ)라̄-]	[써̌-] [르̄r-씨̌-]	[써̌-] [쓰̌-아]
저자음	**고**자음	**고**자음	**고**자음

ห หีบ 	ฟ จุฬา 	อ อ่าง 	ฮ นกฮูก 
[허̌-] [히̀-ㅂ]	[러̄-] [쭈̀(ㄹ)라̄-]	[어̄-] [아̀-ㅇ]	[허̄-] [녹́후̂-ㄱ]
고자음	**저**자음	**중**자음	**저**자음

2 자음 3분법에 따른 초성 자음

중자음 (9개)		고자음 (11개)		대응 저자음 (14개)		단독 저자음 (10개)	
음가	글자	음가	글자	음가	글자	음가	글자
[버̄-]	บ	[처̌-]	ฉ	[처̄-]	ช ฌ	[너̄-]	น ณ
[뻐̄-]	ป	[커̌-]	ข (ฃ)	[커̄-]	ค ฆ (ฅ)	[러̄-] [R]	ร
[더̄-]	ด ฎ	[퍼̌-][p]	ผ	[퍼̄-] [p]	พ ภ	[러̄-] [L]	ล ฬ
[떠̄-]	ต ฏ	[터̌-]	ถ ฐ	[터̄-]	ท ฒ ฑ ธ	[머̄-]	ม
[꺼̄-]	ก	[허̌-]	ห	[허̄-]	ฮ	[응어̄-][ng]	ง
[쩌̄-]	จ	[써̌-]	ส ศ ษ	[써̄-]	ซ	[워̄-] [w]	ว
[어̄-]	อ	[훠̌f] [f]	ฝ	[훠̄-] [f]	ฟ	[여̄-] [y]	ย ญ

3 태국어의 모음

종자음이 오는 경우 변화가 생기는 모음

실생활에서 잘 쓰이지 않는 모음

장모음 (생음)			단모음 (사음)		
–ี [이-]	–ือ [으-]	–ู [우-]	–ิ [이]	–ึ [으]	–ุ [우]
เ– [에-]	เ–อ [으ㅓ-]	โ– [오-]	เ–ะ [에]	เ–อะ [으ㅓ]	โ–ะ [오]
แ– [애-]	–า [아-]	–อ [어-]	แ–ะ [애]	–ะ [아]	เ–าะ [어]
เ–ีย [이-야]	เ–ือ [으-아]	–ัว [우-워]	เ–ียะ [이야]	เ–ือะ [으아]	–ัวะ [우워]

기타모음 (8개)			
–ำ [암]	เ–า [아오]	ไ– [아이]	ใ– [아이]
ฤ [르́r, 리́r, 르ㅓ́r]	ฤๅ [르̄r-]	ฦ [르́]	ฦๅ [르̄-]

PART

1

태국어의 문자 기초

1 태국어의 특징

1 **태국어는 1283년 수코타이 시대 제3대 왕인 람캄행 대왕이 고안했으며 만들어졌을 당시에는 주로 단음절로 이루어져 있었습니다.**

단음절어는 주로 친족, 동물, 신체부위, 기본 동사에 나타납니다.

พ่อ [퍼-] 아빠　　　**แม่** [매-] 엄마

이후 차용어(팔리-산스크리트어, 영어 등)가 유입됨에 따라 다음절어로도 쓰이게 됩니다.

บิดา [비다-] 아버지　　　**มารดา** [마-ㄴ다-] 어머니

단음절 사용을 선호함에 따라 차용어가 들어왔을 때 묵음부호(◌์)를 붙여 단음절화를 이룹니다.

จันทร์ [짠] 달 (**จันทรา** [짠트라r-]에서 단음절화)

2 **태국어는 어형의 변화가 없기 때문에 어순이나 단어들의 연결에 따라 구문과 문법을 이해할 수 있습니다.**

수	단수	**เพื่อน** [프-안] 친구
	복수	**เพื่อนๆ** [프안프-안] 친구들
태	능동	**กิน** [낀] 먹다
	수동	**ถูกกิน** [투-ㄱ낀] 먹히다
	사동	**ให้กิน** [하이낀] 먹이다(먹게 하다)

법	평서문	กิน [낀] 먹다
	의문문	กินไหม [낀마이] 먹을래?
	명령문	กินสิ [낀씨] 먹어
시제	현재	กิน [낀] 먹다
	현재진행	กำลังกินอยู่ [깜랑낀유-] 먹는 중이다
	미래	จะกิน [짜낀] 먹을 것이다
	과거	กินแล้ว [낀래-우] 먹었다

* 태국어의 문법에는 시제가 없으며 조동사, 시간부사 등을 사용하여 시상을 나타낼 수 있습니다.

3 태국어의 문장구조는 '주어 + 동사 + 목적어'의 기본구조를 가지고 있으며 '은, 는, 이, 가/을, 를'과 같은 격조사가 없기 때문에 어순이 바뀌면 의미가 달라집니다.

나는 밥을 먹는다

<한국어 어순> ฉัน ข้าว กิน [찬카-우낀]
나 밥 먹다
<주어> <목적어> <동사>

<태국어 어순> ฉัน กิน ข้าว [찬낀카-우] 나는 밥을 먹는다 (격조사 '는/을' 생략)
나 먹다 밥

กิน ข้าว ฉัน [낀카-우찬] 나의 밥을 먹다 (소유격전치사 생략)
먹다 밥 나

ข้าว ฉัน กิน [카-우찬낀] 내가 먹는 밥 (관계대명사 생략)
밥 나 먹다

4 **형용사나 부사와 같은 수식어구는 보통 수식어(주로 명사) 뒤에 위치하며 '명사 + 명사'의 경우도 같습니다. 한국어로 '맛있는 음식'을 표현하려면 '음식 + 맛있다'의 어순으로, '태국 사람'은 '사람 + 태국'의 어순이 됩니다.**

อาหาร อร่อย [아-하-ㄴ 아러r-이] 맛있는 음식 / 음식이 맛있다
음식 맛있다

* 태국어는 형용사가 서술어처럼 사용 가능하기 때문에 '음식이 맛있다'처럼 중의적으로 해석이 가능합니다.

คน ไทย [콘 타이] 태국 사람
사람 타이

5 **태국어는 분류사가 매우 발달되어 있습니다.**

태국어에도 한국어처럼 <책 한 '권', 종이 두 '장', 자동차 세 '대'> 등 수량 또는 형태를 나타내는 분류사가 다양하게 쓰이고 있습니다.

หนังสือ สาม เล่ม [낭쓰- 싸-ㅁ 렘]
책 3 권
<명사> (숫자) <분류사>

คน สอง คน [콘 써-ㅇ 콘]
사람 2 명
<명사> (숫자) <분류사>

* **คน** [콘] (사람/명)처럼 명사와 분류사가 같이 쓰이는 경우도 있습니다.

6 **태국어는 동음어가 많습니다.**

태국어는 성조언어이기 때문에 발음은 같지만 성조가 달라지면 의미도 달라지는 단어들이 상당히 많이 있으며, 성조와 발음이 같지만 글자가 다른 경우도 있습니다. 성조를 정확하게 구사하고 의미에 맞는 글자를 표기해야 정확한 의미를 전달할 수 있습니다.

ไกล [끌라이] 멀다 **ใกล้** [끌라이] 가깝다
สวย [쑤-워이] 예쁘다 **ซวย** [쑤-워이] 재수없다(일진이 나쁘다)
สัตว์ [쌋] 동물 **สัตย์** [쌋] 충실하다

7 태국어는 원칙적으로 단어별 띄어쓰기, 마침표, 물음표, 쉼표와 같은 문장부호가 사용되지 않지만 마침표는 축약의 의미, 느낌표는 감탄이나 놀람의 의미로 사용할 수 있습니다.

น. (นาฬิกา) [나-리까-] 시간(24시간제)

หา! [하-] 어?(새로운 정보 등으로 놀랄 때)

8 태국어는 동사가 없는 문장이 가능합니다.

ฉัน ชื่อ มิน [찬 츠- 민] 제 이름은 민이에요

나 이름 민

<대명사> <명사> <명사>

* **ชื่อ** [츠-] 는 '이름'이라는 의미의 명사지만 문장 내에서는 '이름이 ~(이)다'라는 동사의 역할을 합니다.

9 태국어는 조어법이 발달되어 있습니다.

태국어에는 두 개 이상의 어휘를 겹쳐서 사용하여 그 의미가 같거나 반대인 단어를 만들어 사용하는 특징이 있습니다.

ดู [두-] 보다 + **แล** [래-] 보다 → **ดูแล** [두-(ㄹ)래-] 돌보다

แพ้ [패-] 패하다 + **ชนะ** [차나] 승리하다 → **แพ้ชนะ** [패-차나] 승패

10 태국어에는 대우법이 발달되어 있습니다.

태국어	의미
เสวย [싸워-이]	(왕이 수라를) 드시다
ฉัน [찬]	(승려가 공양을) 드시다
รับประทาน [랍r쁘라r타-ㄴ]	(공식적) 드시다, (약 등을) 복용하다
ทาน [타-ㄴ]	(격식체) 드시다, 식사하다
กิน [낀]	(일반적) 먹다, 마시다
แดก [대-ㄱ]	(비속어) 처먹다

문자학습 관련 한국어와 태국어의 차이점

구분 \ 언어	한국어	태국어
음절구성	자음 + 모음 or 자음 + 모음 + 받침	초자음 + 모음 + (성조부호) + 성조(발음) or 초자음 + 모음 + 종자음 + (성조부호) + 성조(발음)
	태국어는 반드시 성조(음의 높낮이)가 있어야 하고, 성조가 정확하지 않으면 의미전달이 되지 않는다.	
성조 유무	X	O
	태국어는 5개의 성조(발음)와 4개의 성조부호가 있다.	
장·단모음의 형태 구분	X	O
	태국어는 장모음과 단모음이 존재하며, 그 모양이 각각 다르다.	
받침이 올 경우 모음의 형태 변화	X	O
	음절구조상 '초자음 + 모음 + 종자음'일 경우 일부 모음의 모양이 변하거나 사라지는 현상이 있다.	
결합자음 유무	X	O
	태국어에는 영어의 sky [스카이]와 같이 초자음에 자음이 두 개가 올 수 있다(결합자음).	

2 태국어의 문자와 성조의 체계

태국어의 음절구성과 자모음의 배열

태국어의 음절은 '초자음 + 모음 + 종자음 + (유형)성조'의 순으로 구성될 수 있으며, 최종적으로 정확한 성조로 발음이 이루어져야 그 의미가 비로소 제대로 전달되는 언어입니다. 태국어의 모음은 좌, 우, 위, 아래의 위치에 올 수 있기 때문에 항상 주의 깊게 살펴봐야 합니다.

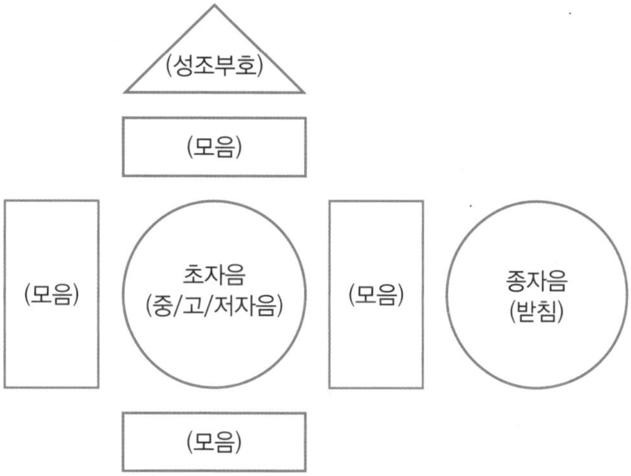

예 แม่ มา มี เมา มุ เมื่อ เมื่อย

초자음 자리에 자음이 2개 오는(결합자음) 경우, 두 번째 자음(제2자음)의 상단에 모음 또는 성조부호가 위치합니다. 성조의 부호는 제2자음 상단에 위치하지만 성조의 결정은 제1자음에 따라 결정합니다.

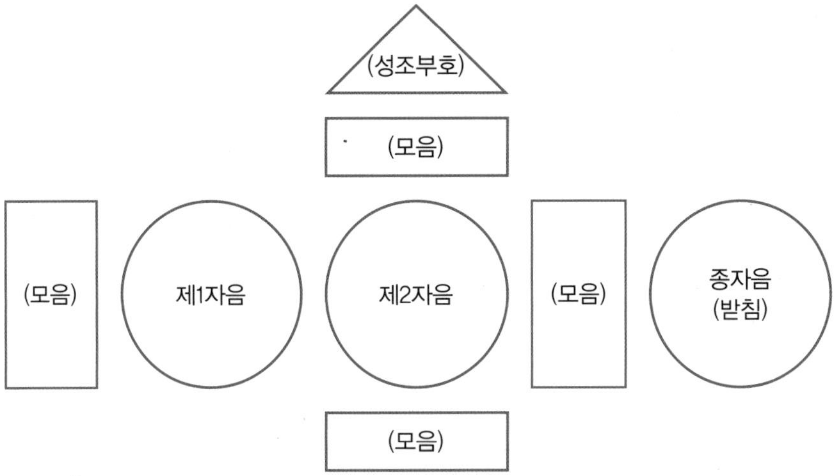

예 เครื่อง กล้วย เหนื่อย เหล้า แพร่ พรุ่ง

1 태국어의 문자 체계

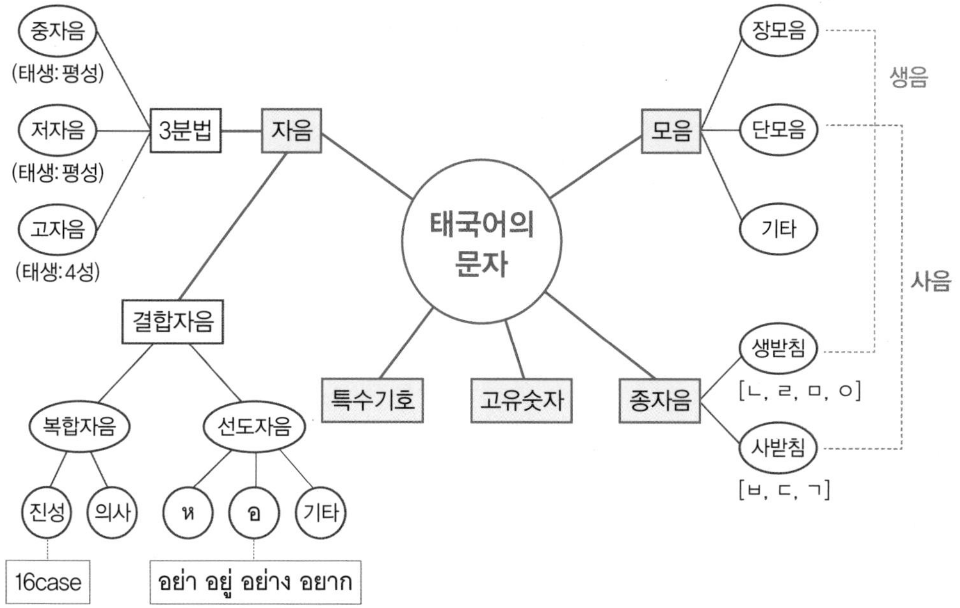

태국어의 문자
자음
3분법
중자음
(태생: 평성)
저자음
(태생: 평성)
고자음
(태생: 4성)
결합자음
복합자음
진성
의사
16case
선도자음
ห
อ
기타
อย่า อยู่ อย่าง อยาก
특수기호
고유숫자
모음
장모음
단모음
기타
종자음
생받침
[ㄴ, ㄹ, ㅁ, ㅇ]
사받침
[ㅂ, ㄷ, ㄱ]
생음
사음

2 태국어의 성조 체계

1 태국어의 성조

태국어의 성조에는 5가지의 발음이 있으며 4개의 부호가 쓰입니다. 단어의 상단에 성조부호가 있을 때의 성조를 유형성조, 없을 때의 성조를 무형성조라고 합니다. 무형성조를 파악하기 위해서 생음과 사음의 개념을 잘 알아야 합니다.

- **생음**: 장모음/생받침(ㄴ, ㄹ, ㅁ, ㅇ) → 각 자음의 태생성조대로 발음
- **사음**: 단모음/사받침(ㅂ, ㄷ, ㄱ) → 각 자음의 성조계산법칙 적용

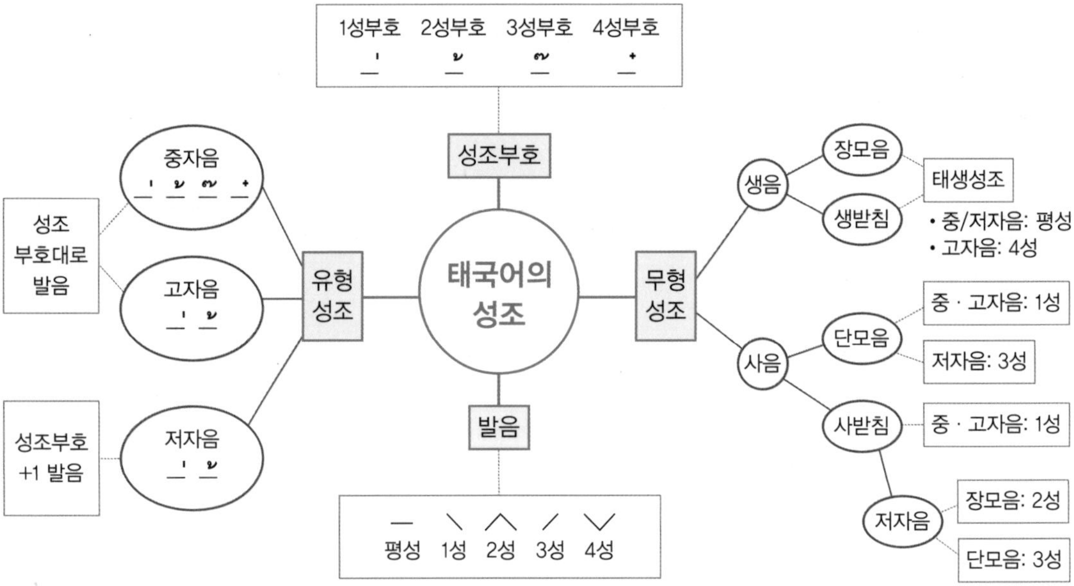

2-1

2 각 성조의 발음

태국어는 성조의 정확성이 의시전달에 큰 영향을 줍니다. 원어민의 발음을 자주 들으면서 연습하길 바랍니다.

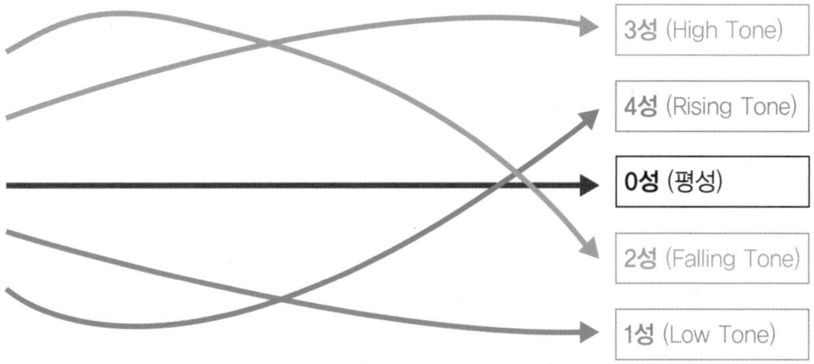

자음 อ[ㅇ] 과 장모음 -า[아-] 그리고 태국어의 성조부호(1성부호~4성부호)를 활용하여 성조 연습을 해 봅니다.

평성 [—]	보통 높이의 발음	อา [아̄-]
1성 [＼]	평성보다 점점 낮게 발음	อ่า [아̀-]
2성 [∧]	평성에서 높아졌다가 평성 유지	อ้า [아̂-]
3성 [／]	평성보다 점점 높이며 유지	อ๊า [아́-]
4성 [∨]	평성보다 낮아졌다가 평성 유지	อ๋า [아̌-]

PART

2

태국어의 문자와 성조

1 태국어의 자음과 유형성조

1 태국어의 자음 3분법

• 태국어의 자음은 총 44개지만 2개는 사용하지 않고 있으며, 음소(음절소리)는 총 21개의 소리를 냅니다. 중/고/저자음으로 구분되며 각 자음에는 태생성조가 있습니다. 이 태생성조를 반드시 숙지해야 합니다.

<중자음(9개) - 태생성조: 평성>

บ	[버-]
ป	[뻐-]
ด ฎ	[더-]
ต ฏ	[떠-]
ก	[꺼-]
จ	[쩌-]
อ	[어-]

<고자음(11개) - 태생성조: 4성>

ฉ	[처-]
ข (ฃ)	[커-]
ผ	[퍼-]
ถ ฐ	[터-]
ห	[허-]
ส ศ ษ	[써-]
ฝ	[풔f-]

* อ는 자음 [ㅇ] 발음과 더불어 장모음 [ㅓ-] 로도 쓸 수 있습니다.

<저자음(24개) - 태생성조: 평성>

대응 저자음	ช ฌ	ค ฆ (ฅ)	พ ภ	ท ฑ ธ ฒ	ฮ	ซ	ฟ
	[처-]	[커-]	[퍼-]	[터-]	[허-]	[써-]	[풔f-]
단독 저자음	น ณ	ร	ล ฬ	ม	ง	ว	ย ญ
	[너-]	[러r-]	[러-]	[머-]	[응ng어-]	[워w-]	[여y-]

* 대응저자음은 고자음의 발음소리에 대응하여 발음을 같지만 태생성조는 다릅니다.
* 고자음 중 ฃ과 저자음 중 ฅ은 현재 쓰이고 있지 않습니다.

확인학습 ········· ● 태국어의 자음3분법 쓰기연습

큐알코드 영상의 순서대로 따라 써보세요.

태국어의 자음 3분법: 중자음 (9) ①, 고자음 (11) ②, 저자음 (24) ③ ④

〈태생성조: 평성〉

บ	[버-]
ป	[뻐-]
ด ฎ	[더-]
ต ฏ	[떠-]
ก	[꺼-]
จ	[쩌-]
อ	[어-]

〈태생성조: 4성〉

ฉ	[처-]
ข (ฃ)	[커-]
ผ	[퍼-]
ถ ฐ	[터-]
ห	[허-]
ส ศ ษ	[써-]
ฝ	[풔f-]

〈태생성조: 평성〉

대응 저자음	ช ฌ	ค ฆ (ฅ)	พ ภ	ท ฑ ธ ฒ	ฮ	ซ	ฟ
	[처-]	[커-]	[퍼-]	[터-]	[허-]	[써-]	[풔f-]
단독 저자음	น ณ	ร	ล ฬ	ม	ง	ว	ย ญ
	[너-]	[러r-]	[러-]	[머-]	[응ng어-]	[워w-]	[여y-]

볼수록 헷갈리는 자음들 모음

"어? 이 자음이 저자음의 'ㅍ'이었어? 어? 이건 'ㄴ' 아니었어?"처럼 태국어 문자 학습 초반에 비슷하게 생긴 자음들을 구분하기가 쉽지 않은데요, 요리조리 살펴봐도 비슷하게 생긴 자음들을 아래와 같이 모았습니다.

*태국어 문법상의 자음 순서대로 배열하였으며, 각 자음의 대표단어는 표기하지 않았어요. 중/고/저자음을 확인하며 연습하세요.

1

ก	ถ	ภ
[꺼-]	[터-]	[퍼-]

2

ข	ช	ซ
[커-]	[처-]	[써-]

3

ค	ด
[커-]	[더-]

4

ง	ว
[응어-]	[워-]

5

จ	ล	ส
[쩌-]	[러-]	[써-]

6

ฌ	ญ	ณ
[츠ㅓ-]	[여y-]	[너-]

7

น	ม
[너-]	[머-]

8

ผ	พ
[퍼-]	[퍼-]

헷갈리는 자음 써보기

헷갈리는 자음의 모양에 주의하여 써보세요.

1 ก ถ ภ

2 ข ช ซ

3 ค ด

4 ง ว

5 จ ล ส

6 ฌ ญ ณ

7 น ม

8 ผ พ

2 태국어의 자음과 유형성조

유형성조란?

- 성조부호가 있을 때의 성조규칙을 유형성조라고 합니다. 태국어에는 4개의 성조부호(่, ้, ๊, ๋)가 있으며, 성조부호는 초자음의 우측 상단에 표기하며 초자음에 두 개의 자음이 오는 경우(결합자음) 두 번째 자음의 우측 상단에 표기해야 합니다. 성조의 결정은 항상 첫 번째 자음으로 결정합니다.
- 장모음의 -า[아-] 를 활용하여 발음을 연습해 봅시다.

유형성조

- 저자음과 고자음은 1성/2성부호가, 중자음은 1성/2성/3성/4성부호가 올 수 있습니다.
- 저자음의 유형성조에 유의해서 연습해 봅시다.

<저자음>

표기	่	้
발음	성조부호 +1 로 발음	
예	น่า	น้า
	[나̂-]	[나́-]

<고자음>

표기	่	้
발음	성조부호대로 발음	
예	ผ่า	ผ้า
	[파̀-]	[파̂-]

<중자음>

표기	่	้	๊	๋
발음	성조부호대로 발음			
예	จ่า	จ้า	จ๊า	จ๋า
	[짜̀-]	[짜̂-]	[짜́-]	[짜̌-]

확인학습 ● 태국어의 자음과 유형성조 쓰기연습

유형성조

저자음

표기	่	้
발음	성조부호 +1 로 발음	
예	น่า	น้า
	[나̂-]	[나́-]

⚠ 저자음 발음에 주의!

고자음

표기	่	้
발음	성조부호대로 발음	
예	ผ่า	ผ้า
	[파̀-]	[파̂-]

중자음

표기	่	้	๊	๋
발음	성조부호대로 발음			
예	จ่า	จ้า	จ๊า	จ๋า
	[짜̀-]	[짜̂-]	[짜́-]	[짜̌-]

3 중/고자음과 유형성조

중자음과 고자음의 유형성조는 성조부호대로 발음합니다.

중자음과 유형성조

중자음은 4개 부호 모두 올 수 있습니다.

→ 중자음: (่) - 1성발음 / (้) - 2성발음 / (๊) - 3성발음 / (๋) - 4성발음

고자음과 유형성조

고자음은 1성부호와 2성부호만 사용할 수 있있습니다.

→ 고자음: (่) - 1성발음 / (้) - 2성발음

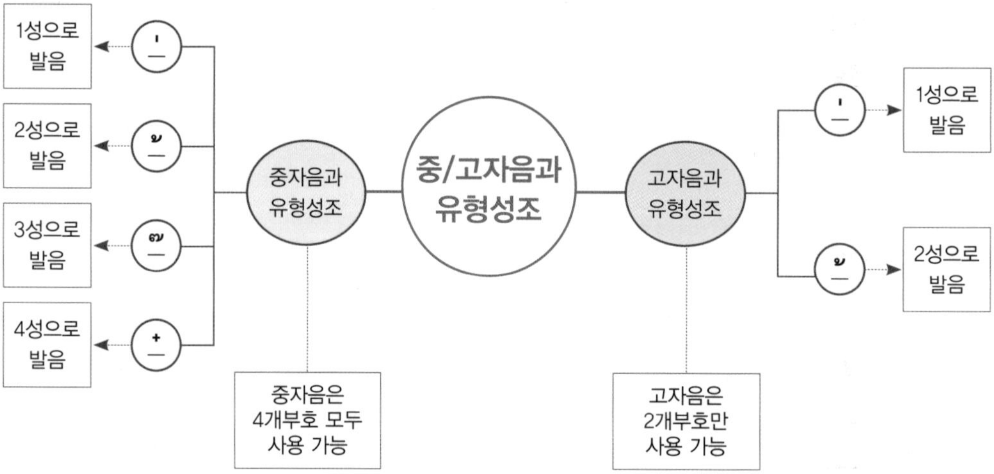

• 유형성조는 성조부호에 따라 성조가 결정됩니다.

1 중자음

장모음 -า [이-] 를 활용하여 발음을 연습합니다.

성조부호 \ 중자음	บ [ㅂ]	ป [ㅃ]	ด ฎ [ㄷ]	ต ฏ [ㄸ]	ก [ㄲ]	จ [ㅉ]	อ [ㅇ]
◌่	บ่า	ป่า	ด่า	ต่า	ก่า	จ่า	อ่า
◌้	บ้า	ป้า	ด้า	ต้า	ก้า	จ้า	อ้า
◌๊	บ๊า	ป๊า	ด๊า	ต๊า	ก๊า	จ๊า	อ๊า
◌๋	บ๋า	ป๋า	ด๋า	ต๋า	ก๋า	จ๋า	อ๋า

2 고자음

장모음 (◌ี) [이-] 를 활용하여 발음을 연습합니다.

성조부호 \ 고자음	ฉ [ㅊ]	ข [ㅋ]	ผ [ㅍ]	ถ ฐ [ㅌ]	ห [ㅎ]	ส ศ ษ [ㅆ]	ฝ [f]
◌่	ฉี่	ขี่	ผี่	ถี่	หี่	สี่	ฝี่
◌้	ฉี้	ขี้	ผี้	ถี้	หี้	สี้	ฝี้

중자음의 유형성조

장모음 -า [아-] 를 활용하여 써보세요.

중자음 / 성조부호	บ [ㅂ]	ป [ㅃ]	ด ฎ [ㄷ]	ต ฏ [ㄸ]	ก [ㄲ]	จ [ㅉ]	อ [ㅇ]
่	บ่า	ป่า	ด่า	ต่า	ก่า	จ่า	อ่า
้	บ้า	ป้า	ด้า	ต้า	ก้า	จ้า	อ้า
๊	บ๊า	ป๊า	ด๊า	ต๊า	ก๊า	จ๊า	อ๊า
๋	บ๋า	ป๋า	ด๋า	ต๋า	ก๋า	จ๋า	อ๋า

고자음의 유형성조

장모음 ี [이-] 를 활용하여 써보세요.

고자음 / 성조부호	ฉ [ㅊ]	ข [ㅋ]	ผ [ㅍ]	ถ ฐ [ㅌ]	ห [ㅎ]	ส ศ ษ [ㅆ]	ฝ [f]
่	ฉี่	ขี่	ผี่	ถี่	หี่	สี่	ฝี่
้	ฉี้	ขี้	ผี้	ถี้	หี้	สี้	ฝี้

4 저자음과 유형성조 발음

저자음은 1성부호와 2성부호만 사용할 수 있으며, 각 성조부호 +1 로 발음합니다.

저자음과 유형성조

1 저자음의 유형성조 발음

주의 저자음의 유형성조 발음은 [성조부호 +1]로 발음해야 함.

장모음 -า [아-] 를 활용하여 발음을 연습합니다.

대응저자음 / 성조부호	ช ฌ [ㅊ]	ค ฆ [ㅋ]	พ ภ [ㅍ]	ท ฑ ธ ฒ [ㅌ]	ฮ [ㅎ]	ซ [ㅆ]	ฟ [f]
◌่	ช่า	ค่า	พ่า	ท่า	ฮ่า	ซ่า	ฟ่า
◌้	ช้า	ค้า	พ้า	ท้า	ฮ้า	ซ้า	ฟ้า

단독저자음 / 성조부호	น ณ [ㄴ]	ร [ㄹr]	ล ฬ [ㄹ]	ม [ㅁ]	ง [ng]	ว [w]	ย ญ [y]
◌่	น่า	ร่า	ล่า	ม่า	ง่า	ว่า	ย่า
◌้	น้า	ร้า	ล้า	ม้า	ง้า	ว้า	ย้า

연습하기 ● 저자음과 유형성조 쓰기

대응저자음

장모음 -า [아-] 를 활용하여 써보세요.

ช ฌ	ค ฆ	พ ภ	ท ฑ ธ ฒ	ฮ	ซ	ฟ
ช่า	ค่า	พ่า	ท่า	ฮ่า	ซ่า	ฟ่า
ช้า	ค้า	พ้า	ท้า	ฮ้า	ซ้า	ฟ้า

단독저자음

장모음 -า [아-] 를 활용하여 써보세요.

น ณ	ร	ล ฬ	ม	ง	ว	ย ญ
น่า	ร่า	ล่า	ม่า	ง่า	ว่า	ย่า
น้า	ร้า	ล้า	ม้า	ง้า	ว้า	ย้า

2 태국어의 자음과 무형성조

무형성조란?

단어(음절)에 성조부호가 없는 성조법칙으로서, 자음 3분법(중/고/저자음)에 따른 초자음의 태생성조와 생음/사음에 따라 결정해야 합니다. 무형성조를 결정하기 위해서는 무형성조의 규칙을 알아야 합니다.

무형성조의 규칙

자음 \ 모음/종자음	장모음(생음)	단모음(사음)	생받침(생음)	사받침(사음)
중자음	평성	1성	평성	1성
고자음	4성		4성	
저자음	평성	3성	평성	장모음 2성
				단모음 3성

- 「중/고/저자음 + 생음(장모음/생받침)」의 경우 각 자음의 태생성조대로 결정됩니다.
- 「중/고/저자음 + (장/단)모음 + (생/사)받침」의 경우에서 모음이 성조에 영향을 주는 경우는 「저자음 + (장/단)모음 + 사받침」의 경우밖에 없으며, 그중 2성의 경우는 「저자음 + 장모음 + 사받침」의 경우가 유일합니다.

1 중/고/저자음 + 장모음(생음)

장모음은 생음이기 때문에 성조는 각 자음의 태생성조에 따라 결정됩니다.

중/고/저자음과 무형성조

- 중자음 + **장모음(생음)** ⇨ 평성
  - ตา [따-] (외)할아버지, 눈
- 고자음 + **장모음(생음)** ⇨ 4성
  - หา [하-] 찾다
- 저자음 + **장모음(생음)** ⇨ 평성
  - มา [마-] 오다

• 태국어에는 격조사가 없기 때문에 단어를 배열하면 문장을 만들 수 있습니다.

ตามา [따-마-] 할아버지가 오시다　**มาหาตา** [마-하-따-] 할아버지를 뵈러 오다

•「중/고/저자음 + 장모음(생음)」으로 이루어진 음절의 경우 각 자음들의 태생성조로 결정됩니다.

• 장모음 -า [아-] 를 활용하여 발음을 연습합니다.

중자음 (태생: 평성)

บ [ㅂ]	ป [ㅃ]	ด ฎ [ㄷ]	ต ฏ [ㄸ]	ก [ㄲ]	จ [ㅉ]	อ [ㅇ]
บา	ปา	ดา	ตา	กา	จา	อา

고자음 (태생: 4성)

ฉ [ㅊ]	ข [ㅋ]	ผ [ㅍ]	ถ ฐ [ㅌ]	ห [ㅎ]	ส ศ ษ [ㅆ]	ฝ [f]
ฉา	ขา	ผา	ถา	หา	สา	ฝา

저자음 (태생: 평성)

대응 저자음	ช ฌ [ㅊ]	ค ฆ [ㅋ]	พ ภ [ㅍ]	ท ฑ ธ ฒ [ㅌ]	ฮ [ㅎ]	ซ [ㅆ]	ฟ [f]
	ชา	คา	พา	ทา	ฮา	ซา	ฟา
단독 저자음	น ณ [ㄴ]	ร [ㄹr]	ล ฬ [ㄹ]	ม [ㅁ]	ง [ng]	ว [w]	ย ญ [y]
	นา	รา	ลา	มา	งา	วา	ยา

중/고/저자음+장모음(생음) 쓰기

중자음

บ	ป	ด ฎ	ต ฏ	ก	จ	อ
บา	ปา	ดา	ตา	กา	จา	อา

고자음

ฉ	ข	ผ	ถ ฐ	ห	ส ศ ษ	ฝ
ฉา	ขา	ผา	ถา	หา	สา	ฝา

저자음

대응 저자음	ช ฌ	ค ฆ	พ ภ	ท ฑ ธ ฒ	ฮ	ซ	ฟ
	ชา	คา	พา	ทา	ฮา	ซา	ฟา
단독 저자음	น ณ	ร	ล ฬ	ม	ง	ว	ย ญ
	นา	รา	ลา	มา	งา	วา	ยา

2 중/고/저자음 + 단모음(사음)

중/고자음의 성조는 1성, 저자음의 성조는 3성으로 결정됩니다.

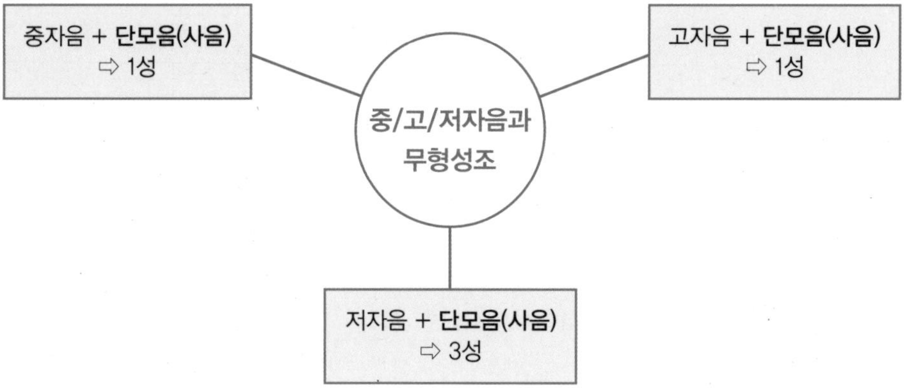

「중/고/저자음 + 단모음(사음)」 발음

단모음(사음)중 -ะ [아] 를 활용하여 발음을 연습합니다.

중자음 (태생평성)

บ [ㅂ]	ป [ㅃ]	ด ฎ [ㄷ]	ต ฏ [ㄸ]	ก [ㄲ]	จ [ㅉ]	อ [ㅇ]
บะ	ปะ	ดะ	ตะ	กะ	จะ	อะ

중/고자음 + 단모음 ⇨ 1성

고자음 (태생4성)

ฉ [ㅊ]	ข [ㅋ]	ผ [ㅍ]	ถ ฐ [ㅌ]	ห [ㅎ]	ส ศ ษ [ㅆ]	ฝ [f]
ฉะ	ขะ	ผะ	ถะ	หะ	สะ	ฝะ

저자음 (태생평성)

대응 저자음	ช ฌ [ㅊ]	ค ฆ [ㅋ]	พ ภ [ㅍ]	ท ฑ ธ ฒ [ㅌ]	ฮ [ㅎ]	ซ [ㅆ]	ฟ [f]
	ชะ	คะ	พะ	ทะ	ฮะ	ซะ	ฟะ
단독 저자음	น ณ [ㄴ]	ร [ㄹr]	ล ฬ [ㄹ]	ม [ㅁ]	ง [ng]	ว [w]	ย ญ [y]
	นะ	ระ	ละ	มะ	งะ	วะ	ยะ

저자음 + 단모음 ⇨ 3성

연습하기 ● 중/고/저자음 + 단모음(사음) 쓰기

중자음

중자음 + 단모음 ⇨ 1성

บ	ป	ด ฎ	ต ฏ	ก	จ	อ
บะ	ปะ	ดะ	ตะ	กะ	จะ	อะ

고자음

고자음 + 단모음 ⇨ 1성

ฉ	ข	ผ	ถ ฐ	ห	ส ศ ษ	ฝ
ฉะ	ขะ	ผะ	ถะ	หะ	สะ	ฝะ

저자음

저자음 + 단모음 ⇨ 3성

대응 저자음	ช ฌ	ค ฆ	พ ภ	ท ฑ ธ ฒ	ฮ	ซ	ฟ
	ชะ	คะ	พะ	ทะ	ฮะ	ซะ	ฟะ
단독 저자음	น ณ	ร	ล ฬ	ม	ง	ว	ย ญ
	นะ	ระ	ละ	มะ	งะ	วะ	ยะ

3 종자음(받침)과 무형성조

1 종자음(받침)의 특징

태국어의 자음은 종자음으로도 활용할 수 있으며 생받침과 사받침으로 나눌 수 있습니다.

발음	생받침	발음	사받침
ㄴ	-น -ณ -ญ -ร -ล -ฬ	ㅂ	-บ -ป -พ -ภ -ฟ
ㅁ	-ม	ㄷ	-ด -ต -ฎ -ฏ -จ -ฒ
ㅇ	-ง		-ท -ธ -ถ -ฐ -ฑ -ช -ฌ
w [우]	-ว		-ซ -ส -ศ -ษ
Y [이]	-ย	ㄱ	-ก -ค -ฆ -ข

* 일부 자음은 종자음으로 쓰이지 않습니다.

태국어의 종자음은 [ㄹ] 발음이 나지 않고, 단독저자음 중 ร ล ฬ ญ 가 모음에 이어 종자음으로 오게 되면 모두 [ㄴ] 발음이 납니다.

การ [까-ㄴ] 일, 업무 **อาการ** [아-까-ㄴ] 증상 **อาหาร** [아-하-ㄴ] 음식

บาล [바-ㄴ] 유지(통치)하다 **วาฬ** [와-ㄴ] 고래 **ชาญ** [차-ㄴ] 능숙(정통)하다

종자음에 단모음 ิ [이] 또는 ุ [우] 가 올 때 해당 모음이 발음되지 않는 경우가 있으며, 두 단어가 합성어가 될 경우 연음이 되는 경우도 있습니다.

อุบัติ [우밧] 원인 + **เหตุ** [헤-ㅅ] 근원 → **อุบัติเหตุ** [우밧띠헤-ㅅ] (우발적) 사고

2 생받침과 무형성조

「중/고/저자음 + 장/단모음 + 생받침(생음)」 → 각 자음의 태생성조에 의해 성조 결정

생받침이 오는 단어(음절)의 경우 모음은 성조에 전혀 영향을 주지 않고 각 자음들의 태생성조에 따라 성조가 결정됩니다.

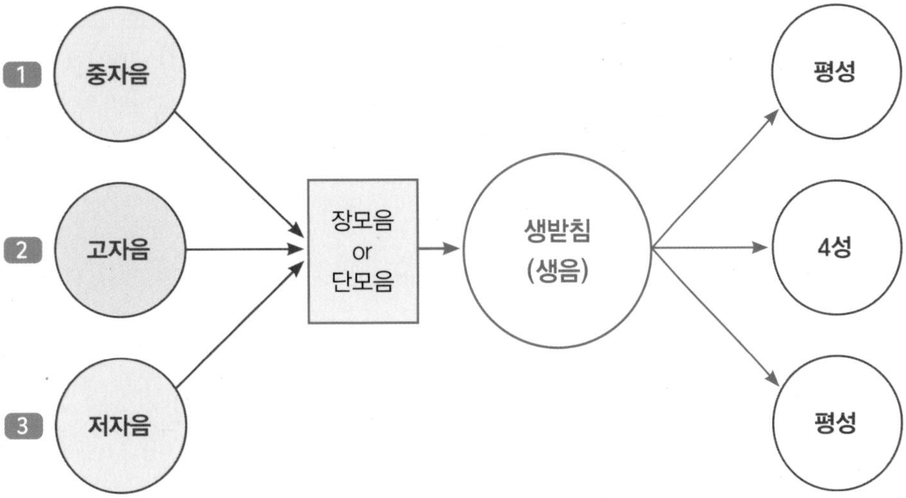

장모음 ◌ี [이-] 또는 단모음 ◌ิ [이] 와 생받침 **-ม / -น** 로 발음을 연습해 봅시다.

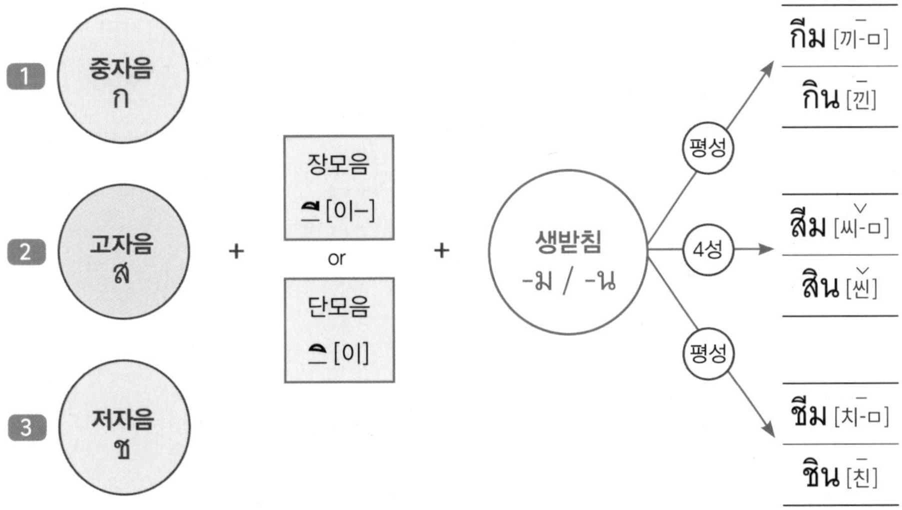

연습하기 ● 중/고/저자음 + 장/단모음 + 생받침(생음)

1 「중자음 + 장/단모음 + 생받침」 → 평성으로 발음

중자음 (태생성조: 평성)	
บ	[ㅂ]
ป	[ㅃ]
ด ฎ	[ㄷ]
ต ฏ	[ㄸ]
ก	[ㄲ]
จ	[ㅉ]
อ	[ㅇ]

\+

장모음
◌ี [이-]

단모음
◌ิ [이]

\+

생받침	발음
-น -ณ -ญ -ร -ล -ฬ	[ㄴ]
-ม	[ㅁ]
-ง	[ㅇ]
-ว	w [우]
-ย	Y [이]

⇨ 평성

2 「고자음 + 장/단모음 + 생받침」 → 4성으로 발음

고자음 (태생성조: 4성)	
ฉ	[ㅊ]
ข (ฃ)	[ㅋ]
ผ	[ㅍ]
ถ ฐ	[ㅌ]
ห	[ㅎ]
ส ศ ษ	[ㅆ]
ฝ	[f]

\+

장모음
◌ี [이-]

단모음
◌ิ [이]

\+

생받침	발음
-น -ณ -ญ -ร -ล -ฬ	[ㄴ]
-ม	[ㅁ]
-ง	[ㅇ]
-ว	w [우]
-ย	Y [이]

⇨ 4성

3 「저자음 + 장/단모음 + 생받침」 → 평성으로 발음

단독저자음		대응저자음	
น ณ	[ㄴ]	ช ฌ	[ㅊ]
ร	[R]	ค ฆ	[ㅋ]
ล ฬ	[L]	พ ภ	[ㅍ]
ม	[ㅁ]	ท ฑ ธ ฒ	[ㅌ]
ง	[ng]	ฮ	[ㅎ]
ว	[w]	ซ	[ㅆ]
ย ญ	[y]	ฟ	[f]

+

장모음
ี [이-]
단모음
ิ [이]

+

생받침	발음
-น -ณ -ญ -ร -ล -ฬ	[ㄴ]
-ม	[ㅁ]
-ง	[ㅇ]
-ว	w [우]
-ย	Y [이]

⇨ 평성

3 사받침과 무형성조

「중/고/저자음 + 장/단모음 + 사받침(사음)」→ 중/고자음은 1성으로, 저자음은 장/단모음에 따라 성조가 달라집니다.

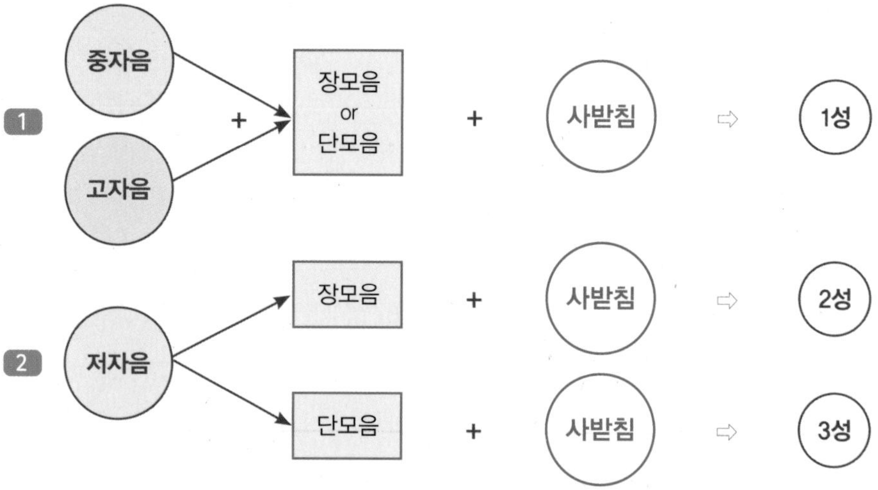

* 태국어의 무형성조에서 2성으로 결정되는 경우는 「저자음 + 장모음 + 사받침」의 경우가 유일하고 3성으로 결정되는 경우는 「저자음 + 단모음」 의 경우와 「저자음 + 단모음 + 사받침」의 두 가지 경우 밖에 없습니다.

장모음 -า [아-] 또는 단모음 ◌ิ [이] 와 -บ/-ก/-ด로 발음을 연습해 봅시다.

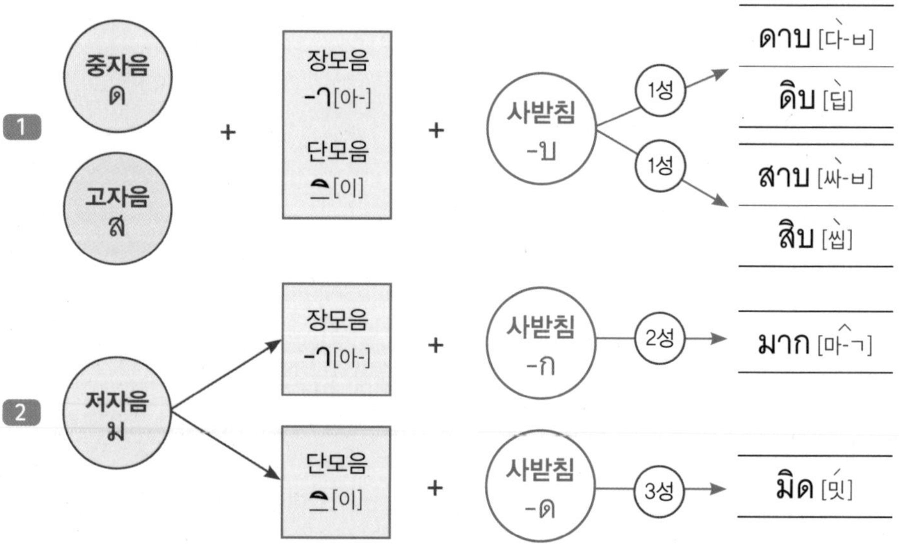

연습하기 ● 중/고/저자음 + 장/단모음 + 사받침(사음)

1 「중/고자음 + (장/단)모음 + 사받침(사음)」 → 1성으로 발음

중자음		고자음	
บ	[ㅂ]	ฉ	[ㅊ]
ป	[ㅃ]	ข	[ㅋ]
ด ฎ	[ㄷ]	ผ	[ㅍ]
ต ฏ	[ㄸ]	ถ ฐ	[ㅌ]
ก	[ㄲ]	ห	[ㅎ]
จ	[ㅉ]	ส ศ ษ	[ㅆ]
อ	[ㅇ]	ฝ	[f]

장모음
◌ี [이-]

단모음
◌ิ [이]

사받침	발음
-บ -ป -พ -ภ -ฟ	[ㅂ]
-ด -ต -ฎ -ฏ -จ -ฒ	[ㄷ]
-ท -ธ -ถ -ฐ -ฑ -ช -ฌ	
-ซ -ส -ศ -ษ	
-ก -ค -ฆ -ข	[ㄱ]

→ 1성

* บ [ㅂ], ด [ㄷ], ก [ㄱ]이 사받침의 대표 종자음입니다.

2 「저자음 + 장모음 + 사받침(사음)」 → 2성으로 발음

「저자음 + 단모음 + 사받침(사음)」 → 3성으로 발음

단독저자음		대응저자음	
น ณ	[ㄴ]	ช ฌ	[ㅊ]
ร	[R]	ค ฆ	[ㅋ]
ล ฬ	[L]	พ ภ	[ㅍ]
ม	[ㅁ]	ท ฑ ธ ฒ	[ㅌ]
ง	[ng]	ฮ	[ㅎ]
ว	[w]	ซ	[ㅆ]
ย ญ	[y]	ฟ	[f]

장모음
◌ี [이-]

단모음
◌ิ [이]

사받침	발음
-บ -ป -พ -ภ -ฟ	[ㅂ]
-ด -ต -ฎ -ฏ -จ -ฒ	[ㄷ]
-ท -ธ -ถ -ฐ -ฑ -ช -ฌ	
-ซ -ส -ศ -ษ	
-ก -ค -ฆ -ข	[ㄱ]

⇨ 2성

or

⇨ 3성

3 태국어의 모음과 무형성조

1 태국어 모음의 특징

- 태국어의 모음은 발음의 길고 짧음에 따라 장/단모음으로 구분되며 자음의 사방에 위치할 수 있습니다.
- 태국어의 모음은 무형성조에 영향을 줄 수 있고, 일부 모음에 종자음이 올 경우 모음에 변화가 일어나는 경우도 있습니다.

태국어의 모음체계

장모음(생음) 12개		
–ี [이-]	–ือ [으-]	–ู [우-]
เ– [에-]	เ–อ [으ㅓ-]	โ– [오-]
แ– [애-]	–า [아-]	–อ [어-]
เ–ีย [이-야]	เ–ือ [으-아]	–ัว [우-워]

단모음(사음) 12개		
–ิ [이]	–ึ [으]	–ุ [우]
เ–ะ [에]	เ–อะ [으ㅓ]	โ–ะ [오]
แ–ะ [애]	–ะ [아]	เ–าะ [어]
เ–ียะ [이야]	เ–ือะ [으아]	–ัวะ [우워]

기타모음 8개			
–ำ [암]	เ–า [아오]	ไ– [아이]	ใ– [아이]
ฤ [르́r, 리́r, 르́ㅓr]	ฤๅ [르̄r-]	ฦ [르́]	ฦๅ [르̄-]

2 태국어의 장/단모음과 기타모음

—ี [이-]	—ือ [으-]	—ู [우-]
เ— [에-]	เ—อ [으ㅓ-]	โ— [오-]
แ— [애-]	—า [아-]	—อ [어-]
เ—ีย [이-야]	เ—ือ [으-아]	—ัว [우-워]

—ิ [이]	—ึ [으]	—ุ [우]
เ—ะ [에]	เ—อะ [으ㅓ]	โ—ะ [오]
แ—ะ [애]	—ะ [아]	เ—าะ [어]
เ—ียะ [이야]	เ—ือะ [으아]	—ัวะ [우워]

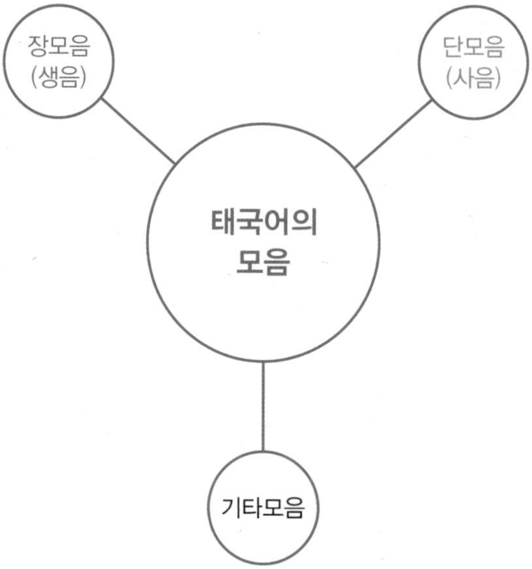

—ำ [암]	เ—า [아오]	ไ— [아이]	ใ— [아이]
ฤ [르r, 리r, 르ㅓr]	ฤๅ [르r-]	ฦ [르]	ฦๅ [르-]

태국어에는 두 음절처럼 들리는 이중모음이 장모음과 단모음에 각각 3개씩 있습니다.

종자음이 오는 경우 변화가 생기는 모음

실생활에서 잘 쓰이지 않는 모음

큐알코드 영상의 순서대로 따라 써보세요.

—ี	—ือ	—ู
[이-]	[으-]	[우-]
เ—	เ—อ	โ—
[에-]	[으ㅓ-]	[오-]
แ—	—า	—อ
[애-]	[아-]	[어-]
เ—ีย	เ—ือ	—ัว
[이-야]	[으-아]	[우-워]

—ิ	—ึ	—ุ
[이]	[으]	[우]
เ—ะ	เ—อะ	โ—ะ
[에]	[으ㅓ]	[오]
แ—ะ	—ะ	เ—าะ
[애]	[아]	[어]
เ—ียะ	เ—ือะ	—ัวะ
[이야]	[으아]	[우워]

①

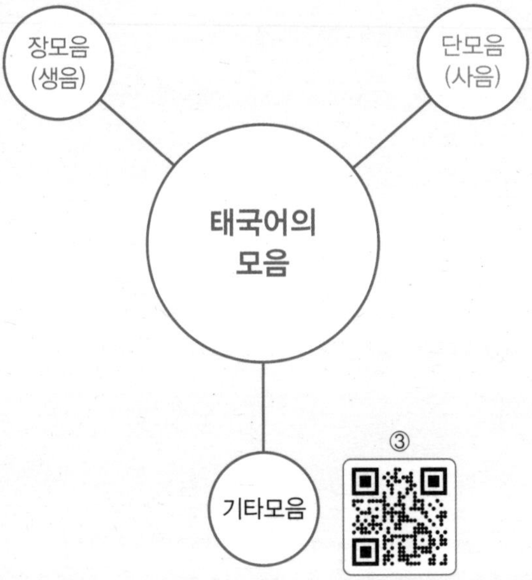

②

③

—ำ	เ—า	ไ—	ใ—
[암]	[아오]	[아이]	[아이]
ฤ	ฤๅ	ฦ	ฦๅ
[르́r, 리́r, 르́ㅓr]	[르̄r-]	[르́]	[르̄-]

모음의 위치에 따른 구분(받침이 없는 경우를 가정)

받침이 없는 경우를 가정하였으며 중자음의 **อ**을 사용하여 표기하였습니다.

- **자음의 상단에 위치하는 모음**

  장모음 อี 단모음 อิ อึ

- **자음의 하단에 위치하는 모음**

  장모음 อู 단모음 อุ

- **자음의 좌측에 위치하는 모음**

  장모음 เอ แอ โอ 기타모음 ไอ ใอ

- **자음의 우측에 위치하는 모음**

  장모음 อา ออ 단모음 อะ

- **자음의 좌/우 동시에 위치하는 모음**

  장모음 เออ 단모음 เอะ แอะ เออะ โอะ เอาะ 기타모음 เอา

- **자음의 상/우 동시에 위치하는 모음**

  장모음 อือ อัว 단모음 อัวะ 기타모음 อำ

- **자음의 좌/상/우에 위치하는 모음**

  장모음 เอีย เอือ 단모음 เอียะ เอือะ

- **단독으로 모음의 역할을 하는 모음**

  ฤ ฦ ฤๅ ฦๅ

3 장모음(생음)과 무형성조

「중/고/저자음 + 장모음」 → 각 자음의 태생성조에 따라 성조 결정

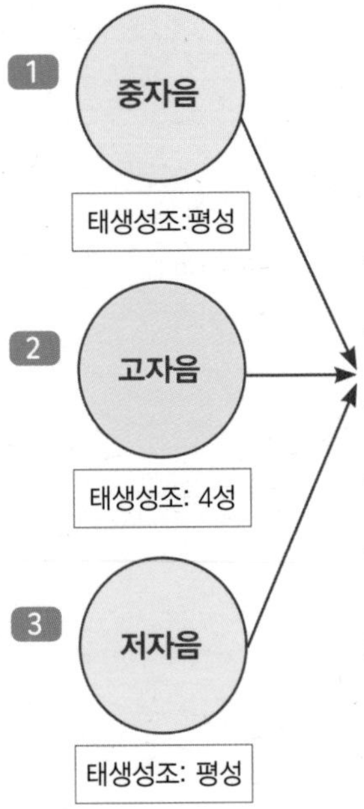

장모음

–ี [이-]	–ือ [으-]	–ู [우-]
เ– [에-]	เ–อ [으ㅓ-]	โ– [오-]
แ– [애-]	–า [아-]	–อ [어-]
เ–ีย [이-야]	เ–ือ [으-아]	–ัว [우-워]

→ 태생성조를 따름

(음영) 종자음이 오는 경우 변화가 생기는 모음

1 중자음(태생: 평성) + 장모음(생음) → 평성

장모음 / 중자음		–ี [이-]	เ– [에-]	แ– [애-]	เ–ีย [이-야]	–ือ [으-]	เ–อ [으ㅓ-]	–า [아-]	เ–ือ [으-아]	–ู [우-]	โ– [오-]	–อ [어-]	–ัว [우-워]
บ	[ㅂ]	บี	เบ	แบ	เบีย	บือ	เบอ	บา	เบือ	บู	โบ	บอ	บัว
ป	[ㅃ]	ปี	เป	แป	เปีย	ปือ	เปอ	ปา	เปือ	ปู	โป	ปอ	ปัว
ด ฎ	[ㄷ]	ดี	เด	แด	เดีย	ดือ	เดอ	ดา	เดือ	ดู	โด	ดอ	ดัว
ต ฏ	[ㄸ]	ตี	เต	แต	เตีย	ตือ	เตอ	ตา	เตือ	ตู	โต	ตอ	ตัว
ก	[ㄲ]	กี	เก	แก	เกีย	กือ	เกอ	กา	เกือ	กู	โก	กอ	กัว
จ	[ㅉ]	จี	เจ	แจ	เจีย	จือ	เจอ	จา	เจือ	จู	โจ	จอ	จัว
อ	[ㅇ]	อี	เอ	แอ	เอีย	อือ	เออ	อา	เอือ	อู	โอ	ออ	อัว

2 고자음(태생: 4성) + 장모음(생음) → 4성

장모음 / 고자음		–ี [이-]	เ– [에-]	แ– [애-]	เ–ีย [이-야]	–ือ [으-]	เ–อ [으ㅓ-]	–า [아-]	เ–ือ [으-아]	–ู [우-]	โ– [오-]	–อ [어-]	–ัว [우-워]
ฉ	[ㅊ]	ฉี	เฉ	แฉ	เฉีย	ฉือ	เฉอ	ฉา	เฉือ	ฉู	โฉ	ฉอ	ฉัว
ข	[ㅋ]	ขี	เข	แข	เขีย	ขือ	เขอ	ขา	เขือ	ขู	โข	ขอ	ขัว
ผ	[ㅍ]	ผี	เผ	แผ	เผีย	ผือ	เผอ	ผา	เผือ	ผู	โผ	ผอ	ผัว
ถ ฐ	[ㅌ]	ถี	เถ	แถ	เถีย	ถือ	เถอ	ถา	เถือ	ถู	โถ	ถอ	ถัว
ห	[ㅎ]	หี	เห	แห	เหีย	หือ	เหอ	หา	เหือ	หู	โห	หอ	หัว
ส ศ ษ	[ㅆ]	สี	เส	แส	เสีย	สือ	เสอ	สา	เสือ	สู	โส	สอ	สัว
ฝ	[f]	ฝี	เฝ	แฝ	เฝีย	ฝือ	เฝอ	ฝา	เฝือ	ฝู	โฝ	ฝอ	ฝัว

3 대응저자음(태생: 평성) + 장모음(생음) → 평성

대응 저자음 \ 장모음		–ี [이-]	เ– [에-]	แ– [애-]	เ–ีย [이-야]	–ือ [으-]	เ–อ [으ㅓ-]	–า [아-]	เ–ือ [으-아]	–ู [우-]	โ– [오-]	–อ [어-]	–ัว [우-워]
ช ฌ	[ㅊ]	ชี	เช	แช	เชีย	ชือ	เชอ	ชา	เชือ	ชู	โช	ชอ	ชัว
ค ฆ	[ㅋ]	คี	เค	แค	เคีย	คือ	เคอ	คา	เคือ	คู	โค	คอ	คัว
พ ภ	[ㅍ]	พี	เพ	แพ	เพีย	พือ	เพอ	พา	เพือ	พู	โพ	พอ	พัว
ท ฑ ธ ฒ	[ㅌ]	ที	เท	แท	เทีย	ทือ	เทอ	ทา	เทือ	ทู	โท	ทอ	ทัว
ฮ	[ㅎ]	ฮี	เฮ	แฮ	เฮีย	ฮือ	เฮอ	ฮา	เฮือ	ฮู	โฮ	ฮอ	ฮัว
ซ	[ㅆ]	ซี	เซ	แซ	เซีย	ซือ	เซอ	ซา	เซือ	ซู	โซ	ซอ	ซัว
ฟ	[f]	ฟี	เฟ	แฟ	เฟีย	ฟือ	เฟอ	ฟา	เฟือ	ฟู	โฟ	ฟอ	ฟัว

4 단독저자음(태생: 평성) + 장모음(생음) → 평성

단독 저자음 \ 장모음		–ี [이-]	เ– [에-]	แ– [애-]	เ–ีย [이-야]	–ือ [으-]	เ–อ [으ㅓ-]	–า [아-]	เ–ือ [으-아]	–ู [우-]	โ– [오-]	–อ [어-]	–ัว [우-워]
น ณ	[ㄴ]	นี	เน	แน	เนีย	นือ	เนอ	นา	เนือ	นู	โน	นอ	นัว
ร	[ㄹ/R]	รี	เร	แร	เรีย	รือ	เรอ	รา	เรือ	รู	โร	รอ	รัว
ล ฬ	[ㄹ/L]	ลี	เล	แล	เลีย	ลือ	เลอ	ลา	เลือ	ลู	โล	ลอ	ลัว
ม	[ㅁ]	มี	เม	แม	เมีย	มือ	เมอ	มา	เมือ	มู	โม	มอ	มัว
ง	[ㅇ/ng]	งี	เง	แง	เงีย	งือ	เงอ	งา	เงือ	งู	โง	งอ	งัว
ว	[ㅇ/w]	วี	เว	แว	เวีย	วือ	เวอ	วา	เวือ	วู	โว	วอ	วัว
ย ญ	[ㅇ/y]	ยี	เย	แย	เยีย	ยือ	เยอ	ยา	เยือ	ยู	โย	ยอ	ยัว

4 단모음(사음)과 무형성조

- 중/고자음 + 단모음 → 1성
- 저자음 + 단모음 → 3성

1 중자음

2 고자음

단모음		
–ิ [이]	–ึ [으]	–ุ [우]
เ–ะ [에]	เ–อะ [으ㅓ]	โ–ะ [오]
แ–ะ [애]	–ะ [아]	เ–าะ [어]

→ 1성

3 저자음

단모음		
–ิ [이]	–ึ [으]	–ุ [우]
เ–ะ [에]	เ–อะ [으ㅓ]	โ–ะ [오]
แ–ะ [애]	–ะ [아]	เ–าะ [어]

→ 3성

1 「중자음 + 단모음(사음)」 → 1성

단모음 / 중자음		–ิ [이-]	เ–ะ [에-]	แ–ะ [애-]	–ื [으-]	เ–อะ [으ㅓ-]	–ะ [아-]	–ุ [우-]	โ–ะ [오-]	เ–าะ [어-]
บ	[ㅂ]	บิ	เบะ	แบะ	บึ	เบอะ	บะ	บุ	โบะ	เบาะ
ป	[ㅃ]	ปิ	เปะ	แปะ	ปึ	เปอะ	ปะ	ปุ	โปะ	เปาะ
ด ฎ	[ㄷ]	ดิ	เดะ	แดะ	ดึ	เดอะ	ดะ	ดุ	โดะ	เดาะ
ต ฏ	[ㄸ]	ติ	เตะ	แตะ	ตึ	เตอะ	ตะ	ตุ	โตะ	เตาะ
ก	[ㄲ]	กิ	เกะ	แกะ	กึ	เกอะ	กะ	กุ	โกะ	เกาะ
จ	[ㅉ]	จิ	เจะ	แจะ	จึ	เจอะ	จะ	จุ	โจะ	เจาะ
อ	[ㅇ]	อิ	เอะ	แอะ	อึ	เออะ	อะ	อุ	โอะ	เอาะ

2 「고자음 + 단모음(사음)」 → 1성

단모음 / 고자음		–ิ [이-]	เ–ะ [에-]	แ–ะ [애-]	–ื [으-]	เ–อะ [으ㅓ-]	–ะ [아-]	–ุ [우-]	โ–ะ [오-]	เ–าะ [어-]
ฉ	[ㅊ]	ฉิ	เฉะ	แฉะ	ฉึ	เฉอะ	ฉะ	ฉุ	โฉะ	เฉาะ
ข	[ㅋ]	ขิ	เขะ	แขะ	ขึ	เขอะ	ขะ	ขุ	โขะ	เขาะ
ผ	[ㅍ]	ผิ	เผะ	แผะ	ผึ	เผอะ	ผะ	ผุ	โผะ	เผาะ
ถ ฐ	[ㅌ]	ถิ	เถะ	แถะ	ถึ	เถอะ	ถะ	ถุ	โถะ	เถาะ
ห	[ㅎ]	หิ	เหะ	แหะ	หึ	เหอะ	หะ	หุ	โหะ	เหาะ
ส ศ ษ	[ㅆ]	สิ	เสะ	แสะ	สึ	เสอะ	สะ	สุ	โสะ	เสาะ
ฝ	[f]	ฝิ	เฝะ	แฝะ	ฝึ	เฝอะ	ฝะ	ฝุ	โฝะ	เฝาะ

3 「대응저자음 + 단모음(사음)」 → 3성

대응 저자음 \ 단모음		—ิ [이-]	เ—ะ [에-]	แ—ะ [애-]	—ึ [으-]	เ—อะ [으ㅓ-]	—ะ [아-]	—ุ [우-]	โ—ะ [오-]	เ—าะ [어-]
ช ฌ	[ㅊ]	ชิ	เชะ	แชะ	ชึ	เชอะ	ชะ	ชุ	โชะ	เชาะ
ค ฆ	[ㅋ]	คิ	เคะ	แคะ	คึ	เคอะ	คะ	คุ	โคะ	เคาะ
พ ภ	[ㅍ]	พิ	เพะ	แพะ	พึ	เพอะ	พะ	พุ	โพะ	เพาะ
ท ฑ ธ ฒ	[ㅌ]	ทิ	เทะ	แทะ	ทึ	เทอะ	ทะ	ทุ	โทะ	เทาะ
ฮ	[ㅎ]	ฮิ	เฮะ	แฮะ	ฮึ	เฮอะ	ฮะ	ฮุ	โฮะ	เฮาะ
ซ	[ㅆ]	ซิ	เซะ	แซะ	ซึ	เซอะ	ซะ	ซุ	โซะ	เซาะ
ฟ	[f]	ฟิ	เฟะ	แฟะ	ฟึ	เฟอะ	ฟะ	ฟุ	โฟะ	เฟาะ

4 「단독저자음 + 단모음(사음)」 → 3성

단독 저자음 \ 단모음		—ิ [이-]	เ—ะ [에-]	แ—ะ [애-]	—ึ [으-]	เ—อะ [으ㅓ-]	—ะ [아-]	—ุ [우-]	โ—ะ [오-]	เ—าะ [어-]
น ณ	[ㄴ]	นิ	เนะ	แนะ	นึ	เนอะ	นะ	นุ	โนะ	เนาะ
ร	[ㄹ/R]	ริ	เระ	แระ	รึ	เรอะ	ระ	รุ	โระ	เราะ
ล ฬ	[ㄹ/L]	ลิ	เละ	และ	ลึ	เลอะ	ละ	ลุ	โละ	เลาะ
ม	[ㅁ]	มิ	เมะ	แมะ	มึ	เมอะ	มะ	มุ	โมะ	เมาะ
ง	[ㅇ/ng]	งิ	เงะ	แงะ	งึ	เงอะ	งะ	งุ	โงะ	เงาะ
ว	[ㅇ/w]	วิ	เวะ	แวะ	วึ	เวอะ	วะ	วุ	โวะ	เวาะ
ย ญ	[ㅇ/y]	ยิ	เยะ	แยะ	ยึ	เยอะ	ยะ	ยุ	โยะ	เยาะ

5 기타모음과 무형성조

「중/고/저자음 + 기타모음」 → 각 자음의 태생성조에 따라 성조 결정

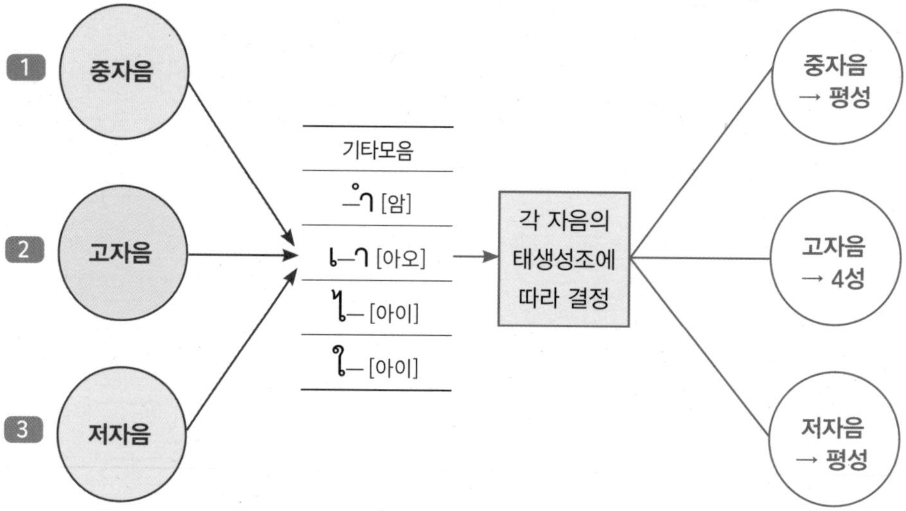

• 위 네 가지 기타모음의 발음은 짧게(단모음) 하지만 성조는 생음(장모음)입니다.

• 기타모음에는 원칙적으로 종자음(받침)이 올 수 없습니다.

예외 **ไทย** [타이] 태국(지리), 자유

• 기타모음 중 ฤ [르r, 리r, 르ㅓr], ฤๅ [르r], ฦ [르], ฦๅ [르-] 는 현재 잘 쓰이지 않습니다.

• 모음 ใ- [아이] 를 사용하는 단어는 태국어에 총 20개가 있습니다.

ใช่ [차이] 맞다	ใช้ [차이] 사용하다	ใคร [크라r이] 누구
ใกล้ [끌라r이] 가깝다	ใหม่ [마이] 새롭다	ใหญ่ [야이] 크다
ใจ [짜이] 마음	ให้ [하이] 주다	ใส่ [싸이] 넣다
ใน [나이] 안에	ใส [싸이] 맑다	ใต้ [따이] 아래
ใบ [바이] 나뭇잎	ใย [야이] 섬유	ใด [다이] 어느
สะใภ้ [싸파이] 며느리	หลงใหล [롱라이] 도취하다	ใคร่ [크라이] 갈망하다
ใฝ่ [퐈f이] 바라다	ใบ้ [바이] 벙어리의	

1 「중자음 + 기타모음(생음)」 → 평성

중자음 \ 기타모음		-ำ [암]	เ-า [아오]	ไ- [아이]	ใ- [아이]
บ	[ㅂ]	บำ	เบา	ไบ	ใบ
ป	[ㅃ]	ปำ	เปา	ไป	ใป
ด ฎ	[ㄷ]	ดำ	เดา	ได	ใด
ต ฏ	[ㄸ]	ตำ	เตา	ไต	ใต
ก	[ㄲ]	กำ	เกา	ไก	ใก
จ	[ㅉ]	จำ	เจา	ไจ	ใจ
อ	[ㅇ]	อำ	เอา	ไอ	ใอ

2 「고자음 + 기타모음(생음)」 → 4성

고자음 \ 기타모음		-ำ [암]	เ-า [아오]	ไ- [아이]	ใ- [아이]
ฉ	[ㅊ]	ฉำ	เฉา	ไฉ	ใฉ
ข	[ㅋ]	ขำ	เขา	ไข	ใข
ผ	[ㅍ]	ผำ	เผา	ไผ	ใผ
ถ ฐ	[ㅌ]	ถำ	เถา	ไถ	ใถ
ห	[ㅎ]	หำ	เหา	ไห	ให
ส ศ ษ	[ㅆ]	สำ	เสา	ไส	ใส
ฝ	[f]	ฝำ	เฝา	ไฝ	ใฝ

3 「대응저자음 + 기타모음(생음)」 → 평성

대응저자음 \ 기타모음		ำ [암]	เ–า [아오]	ไ– [아이]	ใ– [아이]
ช ฌ	[ㅊ]	ชำ	เชา	ไช	ใช
ค ฆ	[ㅋ]	คำ	เคา	ไค	ใค
พ ภ	[ㅍ]	พำ	เพา	ไพ	ใพ
ท ฑ ธ ฒ	[ㅌ]	ทำ	เทา	ไท	ใท
ฮ	[ㅎ]	ฮำ	เฮา	ไฮ	ใฮ
ซ	[ㅆ]	ซำ	เซา	ไซ	ใซ
ฟ	[f]	ฟำ	เฟา	ไฟ	ใฟ

4 「단독저자음 + 기타모음(생음)」 → 평성

단독저자음 \ 기타모음		ำ [암]	เ–า [아오]	ไ– [아이]	ใ– [아이]
น ณ	[ㄴ]	นำ	เนา	ไน	ใน
ร	[ㄹ/R]	รำ	เรา	ไร	ใร
ล ฬ	[ㄹ/L]	ลำ	เลา	ไล	ใล
ม	[ㅁ]	มำ	เมา	ไม	ใม
ง	[ㅇ/ng]	งำ	เงา	ไง	ใง
ว	[ㅇ/w]	วำ	เวา	ไว	ใว
ย ญ	[ㅇ/y]	ยำ	เยา	ไย	ใย

4 모음의 변화와 성조

모음의 변화

- 태국어의 일부 모음에 종자음(받침)이 오게 되면 그 모양이 변하거나(변형모음) 생략이 되는 경우(감형모음)가 있습니다.
- 모음의 모양에 변화가 있는 모음은 장모음 3개, 단모음 5개가 있지만 발음은 변하지 않습니다.
- 성조의 결정은 유형성조와 무형성조의 규칙을 그대로 적용하여 결정합니다.

초자음 (결합자음)

장모음(생음)		
–ี [이-]	–ือ [으-]	–ู [우-]
เ– [에-]	เ–อ [으ㅓ-]	โ– [오-]
แ– [애-]	–า [아-]	–อ [어-]
เ–ีย [이-야]	เ–ือ [으-아]	–ัว [우-워]

단모음(사음)		
–ิ [이]	–ึ [으]	–ุ [우]
เ–ะ [에]	เ–อะ [으ㅓ]	โ–ะ [오]
แ–ะ [애]	–ะ [아]	เ–าะ [어]

종자음

모음의 변화

해당 모음에 종자음이 오는 경우 모음의 형태가 변하거나 감형이 됩니다.

모음 변화의 경우의 수

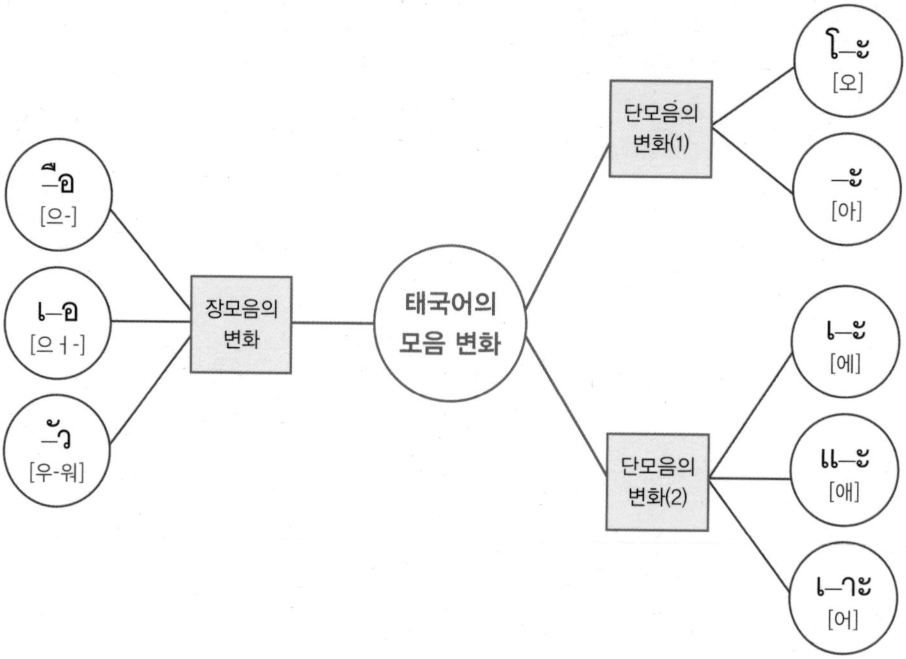

태국어의 모음 변화
장모음의 변화
ือ [으-]
เือ [으ㅓ-]
ัว [우-워]
단모음의 변화(1)
โะ [오]
ะ [아]
단모음의 변화(2)
เะ [에]
แะ [애]
เาะ [어]

1 장모음의 변형모음

1 「ือ + 종자음」의 경우

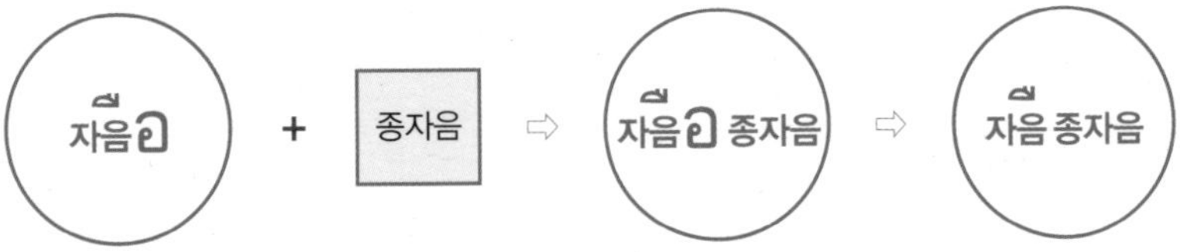

*모음의 형태는 변하지만 성조규칙은 변하지 않습니다.
유형성조일 때: 중자음과 고자음은 성조부호대로, 저자음은 각 성조부호에 +1 로 발음
무형성조일 때: 초자음의 태생성조와 종자음의 생음/사음에 따라 성조가 결정

1 중자음을 활용한 「자음ือ + 종자음」의 모음변화

- 유형성조

  예 ดื่อ [드-] + ม [ㅁ] → ดื่ม [드̀-ㅁ] 마시다

- 무형성조

  예 ปือ [쁘-] + น [ㄴ] → ปืน [쁘̄-ㄴ] 총

2 고자음을 활용한 「자음ือ + 종자음」의 모음변화

- 유형성조

  예 ขื่อ [크-] + น [ㄴ] → ขื่น [크̀-ㄴ] (맛이) 시다, 쓰다

- 무형성조

  예 ผือ [프-] + น [ㄴ] → ผืน [프̌-ㄴ] (얇고 평평한 것을 세는 분류사) ~장

3 저자음을 활용한 「자음ือ + 종자음」의 모음변화

- 유형성조

  예 พื้อ [프-] + น [ㄴ] → พื้น [프́-ㄴ] 바닥

- 무형성조

  예 มือ [므-] + ด [ㄷ] → มืด [므̂-ㅅ] 어둡다

4-1

주요 단어

유형성조

ตื่น

[뜨̀-ㄴ]

(잠에서) 깨다

อื่น

[으̀-ㄴ]

다른~, 기타

ชื้น

[츠́-ㄴ]

습하다, 축축하다

ชื่น

[츠̂-ㄴ]

유쾌하다, (날씨) 상쾌하다

ยื่น

[이으̂y-ㄴ]

제출하다, 건네다

ฟื้น

[프́f-ㄴ]

회복하다, 부활하다

쓰기 연습

4-2

주요 단어 무형성조

คืน

[크̄-ㄴ]

돌려주다, (시간) 밤

ยืม

[이으̄y-ㅁ]

빌려주다

ยืน

[이으̄y-ㄴ]

서다, 서 있다, (기간) 길다

ยืด

[이으̂y-ㅅ]

(길이) 늘어나다,
(기간) 연장하다

ลืม

[르̄-ㅁ]

(기억) 잊다, (눈을) 뜨다

สืบ

[쓰̀-ㅂ]

계승하다, 심문하다

쓰기 연습

2 「เ–อ + 종자음」의 경우

1 종자음이 ย [이] 일 경우 → 「เ–อ + ย」→ เ – ย [ㅡㅓ-이]

เ 자음 อ + 종자음 ย ⇨ เ 자음 ย [ㅡㅓ-이]

꿀팁

「เ + 자음 + ย」의 구조는 예외 없이 「자음 + [ㅡㅓ -이]」로 발음합니다.

- 유형성조

예 เฮ้อ [흐ㅓ-] + ย [이] → เฮ้ย [흐ㅓ-이] (감탄사)어이!, 야!

- 무형성조

예 เคอ [크ㅓ-] + ย [이] → เคย [크ㅓ-이](o) [케-이](x) ~한 적이 있다(경험)

2 종자음이 ย [이] 가 아닐 경우

เ 자음 อ + ย를 제외한 종자음 ⇨ เ 자음 종자음 [자음ㅡㅓ-종자음]

꿀팁

「เ + 자음+ 종자음」의 구조는 「자음 + [ㅡㅓ -] + 종자음」으로 발음합니다.

* 모음의 형태는 변하지만 성조규칙은 변하지 않습니다.
유형성조일 때: 중자음과 고자음은 성조부호대로, 저자음은 각 성조부호에 +1 로 발음
무형성조일 때: 초자음의 태생성조와 종자음의 생음/사음에 따라 성조가 결정

- 유형성조

예 เพ่อ [프ㅓ-] + ม [ㅁ] → เพิ่ม [프ㅓ-ㅁ] 추가하다, 증가하다

- 무형성조

예 เดอ [드ㅓ-] + น [ㄴ] → เดิน [드ㅓ-ㄴ] 걷다

4-3

주요 단어 유형성조

เพิ่ง

[프ㅓ̂-ㅇ]

방금 ~하다

เริ่ม

[르rㅓ̂-ㅁ]

시작하다

เทิ่ง

[트ㅓ̂-ㅇ]

방대하다

เนิ่น

[느ㅓ̂-ㄴ]

일찌감치, 일찍이

쓰기 연습

4-4

주요 단어 무형성조

เขย
[크ㅓ-이]
사위

เผย
[프ㅓ-이]
공개(폭로)하다

เลย
[르ㅓ-이]
초과하다/그래서/(강조)

เขิน
[크ㅓ-ㄴ]
부끄럽다

เชิญ
[츠ㅓ-ㄴ]
초대하다, 권하다

เงิน
[응으ㅓㄴ]
돈

* **เงิน** [응으ㅓㄴ] 은 중국어 은(銀)의 영향을 받은 단어로, 단모음으로 발음합니다.

쓰기 연습

3 「อัว + 종자음」의 경우

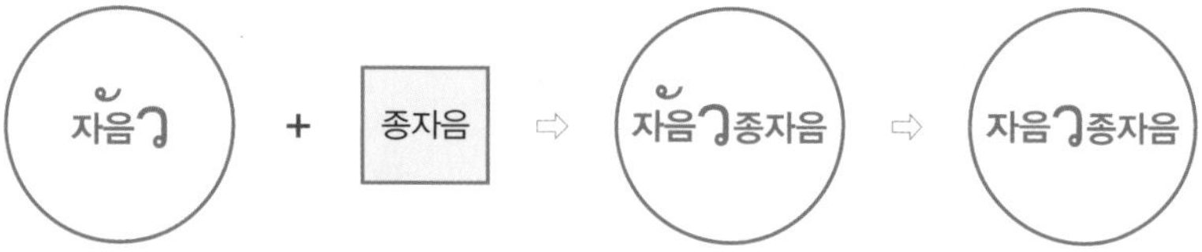

꿀팁

「자음 + ว + 종자음」과 같이 두 번째 자음 자리에 ว가 위치해 있을 때 해당 음절은 예외 없이 [우-워] 모음으로 발음합니다.

* 모음의 형태는 변하지만 성조규칙은 변하지 않습니다.
유형성조일 때: 중자음과 고자음은 성조부호대로, 저자음은 각 성조부호에 + 1로 발음
무형성조일 때: 초자음의 태생성조와 종자음의 생음/사음에 따라 성조가 결정

1 중자음을 활용한 「자음ัว + 종자음」의 모음변화

• 유형성조

예 ดั้ว [두-워] + ย [이] → ด้วย [두-워이] ~도(함께), ~로

• 무형성조

예 ปัว [뿌-워] + ด [ㄷ] → ปวด [뿌-웟] 아프다(통증)

2 고자음을 활용한 「자음ัว + 종자음」의 모음변화

• 유형성조

예 ถั้ว [투-워] + ย [이] → ถ้วย [투-워이] (작은) 그릇

• 무형성조

예 ขัว [쿠-워] + ด [ㄷ] → ขวด [쿠-웟] (분류사) 병(bottle)

3 저자음을 활용한 「자음ัว + 종자음」의 모음변화

• 유형성조

예 ชั่ว [추-워] + ย [이] → ช่วย [추-워이] 돕다, 도와주다

• 무형성조

예 นัว [누-워] + ด [ㄷ] → นวด [누-웟] 마사지(하다)

4-5

주요 단어 | 유형성조

ง่วง

^
[응우-웡]

졸리다

ส่วน

ˋ
[쑤-원]

부분, 한편

ท่วม

^
[투-웜]

넘치다, 범람하다

ช่วง

^
[추-웡]

기간, 간격

ห่วง

ˋ
[후-웡]

(끼우는) 고리,
걱정(근심)하다

ท้วง

ˊ
[투-웡]

항의(반박)하다

쓰기 연습

4-6

주요 단어 무형성조

รวย

[루r-워이]

부자이다, 부유하다

สวย

[쑤-워이]

예쁘다

ควร

[쿠-원]

~해야 (마땅) 하다

พวก

[푸-웍]

무리, 집단

หวย

[후-워이]

복권

ลวก

[루-웍]

(물에) 데다, 화상을 입다, 데우다

쓰기 연습

2 단모음의 변형모음(1)

1 「โ–ะ + 종자음」의 경우

(โ자음ะ) + 종자음 ⇨ (โ자음ะ 종자음) ⇨ (자음종자음)

꿀팁

「자음 + 자음」의 음절 구조는 단모음 [오] 가 생략된 것으로 발음합니다.

주의 이 경우 두 번째 자음(종자음) 자리에 ร [ㄹ/r-] 가 오는 경우에는 「자음 + [ㅓ-ㄴ]」 으로 발음 합니다.(p.134)

* 모음의 형태는 변하지만 성조규칙은 변하지 않습니다.
유형성조일 때: 중자음과 고자음은 성조부호대로, 저자음은 각 성조부호에 + 1로 발음
무형성조일 때: 초자음의 태생성조와 종자음의 생음/사음에 따라 성조가 결정

1 중자음을 활용한 「โ자음ะ + 종자음」의 모음변화

- 유형성조

예 โต้ะ [또] + ม [ㅁ] → ต้ม [똠] 끓이다

- 무형성조

예 โตะ [또] + ก [ㄱ] → ตก [똑] 떨어지다

2 고자음을 활용한 「โ자음ะ + 종자음」의 모음변화

- 유형성조

예 โข้ะ [코] + น [ㄴ] → ข้น [콘] 걸쭉하다, 진하다

- 무형성조

예 โผะ [포] + ม [ㅁ] → ผม [폼] (남성) 1인칭 대명사(문어체)

3 저자음을 활용한 「โ자음ะ + 종자음」의 모음변화

• 유형성조

예 โพ้ะ [포] + น [ㄴ] → พ้น [폰] 벗어나다, 면하다

• 무형성조

예 โชะ [초] + ด [ㄷ] → ชด [촛] 배상(보상)하다

4-7

주요 단어 유형성조

ต้ม

[똠]

끓이다

บ่น

[본]

불평(잔소리)하다

ก้ม

[꼼]

(몸을) 굽히다, 숙이다

ร่ม

[롬r]

우산

ห่ม

[홈]

(이불) 덮다

ส้ม

[쏨]

오렌지

쓰기 연습

4-8

주요 단어

무형성조1

ฝน

ˇ
[폰f]

비

ตก

`
[똑]

떨어지다

ชม

¯
[촘]

관람하다, 칭찬하다

บน

¯
[본]

(방향) ~위에

รถ

´
[롯r]

자동차

ชน

¯
[촌]

부딪히다, 사람(접미사)

쓰기 연습

4-9

주요 단어 무형성조2

คน

¯
[콘]

사람, 뒤섞다(요리)

ดม

¯
[돔]

냄새 맡다

นม

¯
[놈]

우유

ผง

ˇ
[퐁]

가루

ขน

ˇ
[콘]

털, 운반하다(옮기다)

กด

`
[꼿]

누르다, 억압하다

쓰기 연습

2 「-ะ + 종자음」의 경우

자음ะ + 종자음 ⇨ 자음ะ 종자음 ⇨ 자음ั종자음

꿀팁

「자음ั + 종자음」의 음절 구조는 「자음 + 단모음[ㅏ] + 종자음」으로 발음합니다.

주의 อัว는 장모음 [우-워]발음으로서 종자음(받침)이 없는 경우에 해당하므로 발음에 주의합니다. → [아-우] (×)

* 모음의 형태는 변하지만 성조규칙은 변하지 않습니다.
유형성조일 때: 중자음과 고자음은 성조부호대로, 저자음은 각 성조부호에 + 1로 발음
무형성조일 때: 초자음의 태생성조와 종자음의 생음/사음에 따라 성조가 결정

1 중자음을 활용한 「자음ะ + 종자음」의 모음변화

• 유형성조

예 ป่ะ [빠] + น [ㄴ] → ปั่น [빤] 회전하다, 갈다, (자전거) 타다

• 무형성조

예 ดะ [다] + ง [ㅇ] → ดัง [당] (소리) 크다, 유명하다

2 고자음을 활용한 「자음ะ + 종자음」의 모음변화

• 유형성조

예 ฝ่ะ [파f] + ง [ㅇ] → ฝั่ง [팡f] 묻다, 삽입하다

• 무형성조

예 ฉะ [차] + น [ㄴ] → ฉัน [찬] (남성/여성) 1인칭 대명사(구어체)

3 저자음을 활용한 「자음ะ + 종자음」의 모음변화

• 유형성조

예 ม่ะ [마] + น [ㄷ] → มั่น [만] 확실(견고)하다

• 무형성조

예 นะ [나] + ด [ㄷ] → นัด [낫] 약속하다, (총알) 발(분류사)

4-10

주요 단어 　　　　　　　　　　　　　　　　　유형성조

ตั้ง

ˆ[땅]

설치하다, 세우다,
~씩이나

ปั้น

ˆ[빤]

반죽하다

มั่น

ˆ[만]

단단(견고)하다,
확실하다

สั่ง

ˋ[쌍]

주문하다, 시키다

นั่ง

ˆ[낭r]

앉다

นั้น

ˊ[난]

(지시형용사) 그, 저(that)

쓰기 연습

4-11

주요 단어 무형성조1

กับ

ˋ
[깝]

덫, ~와(함께), ~에게

กัด

ˋ
[깟]

물다, 깨물다

กัก

ˋ
[깍]

격리(억류)하다, 막다

ตัด

ˋ
[땃]

자르다, (머리) 깎다, 떼다

ฟัง

ˉ
[팡f]

듣다

ดับ

ˋ
[답]

(불 등) 꺼지다, 끄다

쓰기 연습

4-12

주요 단어

무형성조2

อัน

¯
[안]
것, 개(분류사)

ผัด

ˋ
[팟]
볶다

พัด

ˊ
[팟]
부채, (바람) 불다

ผัก

ˋ
[팍]
야채

พัก

ˊ
[팍]
쉬다, 휴식하다

ชัด

ˊ
[찻]
분명(선명)하다

쓰기 연습

3 단모음의 변형모음 (2)

1 「เ–ะ + 종자음」의 경우

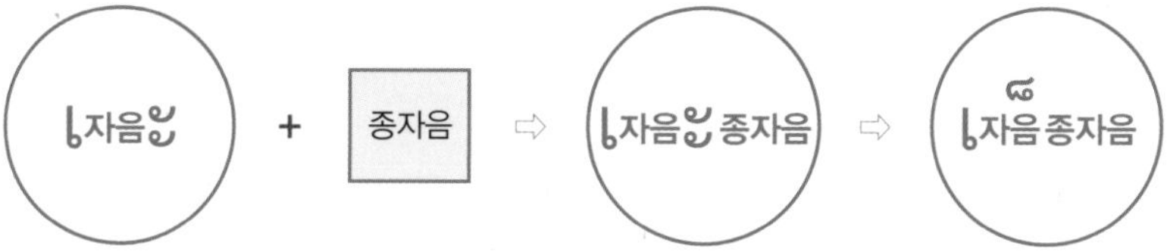

2 「แ–ะ + 종자음」의 경우

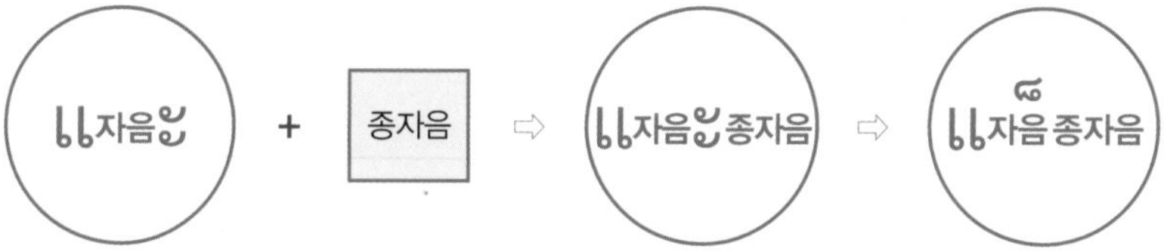

3 「เ–าะ + 종자음」의 경우

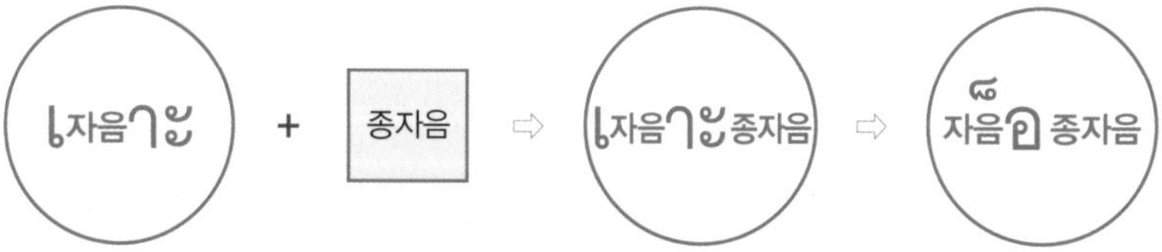

꿀팁

็–부호가 있는 단어는 예외 없이 단모음으로 발음합니다.

* 모음의 형태는 변하지만 성조규칙은 변하지 않습니다.
유형성조일 때: 중자음과 고자음은 성조부호대로, 저자음은 각 성조부호에 + 1로 발음
무형성조일 때: 초자음의 태생성조와 종자음의 생음/사음에 따라 성조가 결정

1 중자음을 활용한 「**เอะ/แอะ/เอาะ** + 종자음」의 모음변화

• 유형성조

예 เก๊ะ [께] + ง [ㅇ] → เก๋ง [껭] 소형 자동차

• 무형성조

예 เดะ [데] + ก [ㄱ] → เด็ก [덱] 어린이, 아이

2 고자음을 활용한 「**เอะ/แอะ/เอาะ** + 종자음」의 모음변화

• 유형성조

예 เห้าะ [허] + ง [ㅇ] → ห้อง [헝] 방, 실(분류사)

• 무형성조

예 เหะ [헤] + ด [ㄷ] → เห็ด [헷] 버섯

3 저자음을 활용한 「เอะ/แอะ/เอาะ + 종자음」의 모음변화

• 유형성조

예 เค่าะ [커] + ย [이] → ค่อย [커이] 차차, 천천히

• 무형성조

예 เมะ [메] + ด [ㄷ] → เม็ด [멧] 씨앗(분류사), 알갱이

주의 단모음 「เอะ / แอะ / เอาะ + 종자음 + (유형성조)」 의 경우 ็부호는 사라지고 성조부호만 남게 되어 장모음처럼 보이지만 짧게 읽어야 하는 단어들이 있습니다. 주요 단어는 다음과 같습니다.

4-13

주요 단어

เก่ง
ˋ
[껭]
잘하다

แบ่ง
ˋ
[뱅]
분배하다, 나누다

เต้น
ˆ
[뗀]
춤추다

ต้อง
ˆ
[떵]
~해야 한다(의무)

เล่น
ˆ
[렌]
놀다, 연주하다

บ่อย
ˋ
[버이]
자주

쓰기 연습

4-14

주요 단어

유형성조2

แต่ง

[땡]

분장(치장, 장식)하다, 임명하다

ผ่อน

[펀]

긴장을 풀다, 분할로 지불하다

หน่อย

[너이]

조금, 적다

เส้น

[쎈]

선(가늘고 긴 것의 분류사)

ส้อม

[썸]

포크

ซ่อม

[썸]

고치다, 수리하다

쓰기 연습

4-15

주요 단어

무형성조1

เป็น

–
[뻰]
~이다, ~로, 할 수 있다

เป็ด

`
[뻿]
오리(동물)

เร็ว

–
[레r우]
빠르다

เต็ม

–
[뗌]
가득 차다

แข็ง

ˇ
[캥]
단단(딱딱)하다

เห็น

ˇ
[헨]
보다, 보이다

쓰기 연습

4-16

주요 단어

เค็ม

¯
[켐]

(맛) 짜다

เข็ม

ˇ
[켐]

바늘, 배지(장신구)

เช็ด

´
[쳇]

(문질러) 닦다

เผ็ด

`
[펫]

(맛) 맵다

เจ็ด

`
[쩻]

(숫자) 7, 일곱

เล็บ

´
[렙]

손톱

쓰기 연습

확인학습 ● 모음의 변화 총정리

1 장모음의 변화

1 자음ือ + 종자음 ⇨ 자음ือ 종자음 ⇨ 자음ื종자음

2
- เ 자음 อ + 종자음 ย ⇨ เ 자음 ย [-ㅓ-이]
- เ 자음 อ + ย외의 종자음 ⇨ เ 자음ิ 종자음 [ㅓ - 종자음]

3 자음ัว + 종자음 ⇨ 자음ัว 종자음 ⇨ 자음ว 종자음

2 단모음의 변화

1 โ자음ะ + 종자음 ⇨ โ자음ะ종자음 ⇨ 자음종자음

2 자음ะ + 종자음 ⇨ 자음ะ종자음 ⇨ 자음ั종자음

3 เ자음ะ + 종자음 ⇨ เ자음ะ 종자음 ⇨ เ자음็종자음

4 แ자음ะ + 종자음 ⇨ แ자음ะ종자음 ⇨ แ자음็종자음

5 เ자음าะ + 종자음 ⇨ เ자음าะ종자음 ⇨ 자음็อ 종자음

연습하기

모음의 변화

종자음이 붙는 경우 변화가 일어나는 모음들을 아래 발음에 맞게 올바르게 적어 보세요.

초자음 (결합자음)

1 장모음(생음)

—ี [이-]	①______ [으-]	—ู [우-]
เ— [에-]	②______ [으ㅓ-]	โ— [오-]
แ— [애-]	—า [아-]	—อ [어-]
เ—ีย [이-야]	เ—ือ [으-아]	③______ [우-워]

2 단모음(사음)

—ิ [이]	—ึ [으]	—ุ [우]
③______ [에]	เ—อะ [으ㅓ]	①______ [오]
④______ [애]	②______ [아]	⑤______ [어]

종자음

모음의 변화

1 ① —ือ ② เ—อ ③ —ัว

2 ① โ—ะ ② —ะ ③ เ—ะ ④ แ—ะ ⑤ เ—าะ

5 태국어의 결합자음과 성조

결합자음(어두자음군)이란?

한 음절에서 첫소리에 두 개의 자음을 사용하여 두 개의 소리가 나는 경우를 의미합니다. 결합자음의 성조는 앞서 공부한 중/고/저자음의 유형/무형성조법의 원리가 그대로 적용되며, 언제나 제1자음을 기준으로 성조를 결정합니다.

주의

결합자음은 반드시 「자음 + 자음 + 모음 + (종자음)」 형태가 되어야 합니다. 만약, 모음이 보이지 않는 「자음 + 자음」의 형태라면 단모음의 변화(p.72) 또는 발음의 예외(p.134)와 관련이 있기 때문입니다.

결합자음의 구분

- 결합자음
  - 복합자음
    - 진성복합자음
    - 의사복합자음
  - 선도자음

진성복합자음

제1 자음	제2 자음	
ก	ร ล ว	+ 모음 + (받침)
ข		
ค		
ป	ร ล	
พ		
ผ		
ต	ร	

두 자음이 진짜로 소리가 나는 복합자음

제1자음에 [으] 소리가 붙어서 하나의 자음처럼 발음(성조도 하나)

위 경우의 수 이외의 복합자음은 제1자음에 단모음 [아] 소리가 나며 두 음절로 분리(성조도 두 개)

의사복합자음

제1 자음	제2 자음		자음 발음
ส	ร	+ 모음 + (받침)	ร는 묵음
ศ			
จ			
ท	ร		ซ [ㅆ] 발음

자음의 소리가 안 나거나 이상하게 나는 복합자음

의사복합자음은 위의 표의 경우처럼 읽히는 것이 일반적이지만 예외가 많으므로 해당 단어의 의미별로 발음을 익혀야 합니다.

선도자음

제1 자음	제2 자음		발음
อ [ㅇ]은 발음되지 않고 성조에만 영향	ย	+ 모음 + (받침)	อย่า [야̀y-] อยู่ [유̀y-] อย่าง [야̀y-ㅇ] อยาก [야̀y-ㄱ]
ห [ㅎ]은 발음되지 않고 성조에만 영향	단독 저자음 (ณ ฬ 제외)		제2자음의 음절을 고자음화하여 (4성)발음
중자음 또는 고자음	단독 저자음 [ㄴ, ㄹ, ㅁ, ㅇ]		제1자음에 단모음 [아] / 제1자음 성조가 제2자음 음절의 성조를 결정

제1자음이 제2자음 음절의 성조에 영향을 주는 자음

1 복합자음의 발음과 성조

1 진성복합자음의 발음과 성조

제1자음에 [으] 소리가 붙어서 하나의 자음처럼 발음하며(성조도 하나), 유형/무형성조를 불문하고 제1자음으로 성조를 결정합니다.

1 종자음(받침)이 없는 경우

(1)「진성복합자음 + 장모음/기타모음(생음)」→ 제1자음의 태생성조로 결정(무형성조)

제1 자음	제2 자음	발음
ก	ร ล ว	[끄r][끌ㄹ][끄w]
ค		[크r][클ㄹ][크w]
ข		[크r][클ㄹ][크w]
ป	ร ล	[쁘r][쁠ㄹ]
พ		[프r][플ㄹ]
ผ		[프r][플ㄹ]
ต	ร	[뜨r]

\+

장모음(생음)		
–ี [이-]	–ือ [으-]	–ู [우-]
เ– [에-]	เ–อ [으ㅓ-]	โ– [오-]
แ– [애-]	–า [아-]	–อ [어-]
เ–ีย [이-야]	เ–ือ [으-아]	–ัว [우-워]

기타모음 (생음)
–ำ [암]
เ–า [아오]
ไ– [아이]
ใ– [아이]

⇨ 제1자음의 태생성조로 결정

(음영) 해당 모음에 종자음이 오는 경우 모음의 형태가 변하거나 감형이 됩니다.

* 기타모음에는 원칙적으로 종자음(받침)이 올 수 없으며 성조법상 생음으로 간주합니다.

5-1

주요 단어

진성복합자음 + 장모음(생음) + (무형성조)

ครู

[크루r-]

선생님

กลัว

[끌루-워]

무섭다, 두렵다

ครัว

[크루r-워]

주방, 부엌

ขวา

[콰-]

오른쪽의

ปลา

[쁠라-]

물고기, 생선

แผล

[플래-]

상처

쓰기 연습

5-2

주요 단어

진성복합자음 + 기타모음(생음) + (무형성조)

ไกล

[끌라이]

(거리) 멀다

ใคร

[크라이]

누구, 누가(의문사)

ตรำ

[뜨람r]

견뎌 내다, 이겨 내다

ปรำ

[쁘람r]

지목(지명)하다

เพลา

[플라오]

(자동차의) 축, 경감하다

เครา

[크라r오]

턱수염

쓰기 연습

5-3

주요 단어

진성복합자음 + 장모음 + (유형성조)

กว่า

[꽈-]

~보다(비교급)

กล้า

[끌라-]

용감하다

ครู่

[크루r-]

잠시, 잠깐

โผล่

[플로-]

떠오르다, 돋(아나)다

แพร่

[프래r-]

전파하다, 퍼지다

พลั่ว

[플루-워]

(도구) 삽

쓰기 연습

5-4

주요 단어

진성복합자음 + 기타모음 + (유형성조)

คว่ำ

[쾀]

엎드리다, 뒤집(히)다

เปล่า

[쁠라-오]

~이 없다, 그렇지 않다(부정)

* เปล่า는 예외적으로 길게 발음합니다.

ใกล้

[끌라이]

가깝다

เกล้า

[끌라오]

머리(존칭어)

พร่ำ

[프람r]

반복적으로, 자꾸

ไพร่

[프라r이]

서민, 천민

쓰기 연습

(2) 「진성복합자음 + 단모음(사음) + (무형성조)」 → 제1자음이 중/고자음이면 1성, 저자음이면 3성으로 결정

제1 자음 (성조 결정)	제2 자음 (성조 부호)	발음
ก	ร ล ว	[끄r][끌ㄹ][끄w]
ค		[크r][클ㄹ][크w]
ข		[크r][클ㄹ][크w]
ป	ร ล	[쁘r][쁠ㄹ]
พ		[프r][플ㄹ]
ผ		[프r][플ㄹ]
ต	ร	[뜨r]

제1자음에는 모음 [으] 소리를 넣어 발음합니다.

+

단모음(사음)		
ิ [이]	ึ [으]	ุ [우]
เ–ะ [에]	เ–อะ [으ㅓ]	โ–ะ [오]
แ–ะ [애]	–ะ [아]	เ–าะ [어]
เ–ียะ [이야]	เ–ือะ [으아]	–ัวะ [우워]

⇨ 제1자음이 중/고자음 → 1성
저자음 → 3성

해당 모음에 종자음이 오는 경우 모음의 형태가 변하거나 감형이 됩니다.

실생활에서 잘 쓰이지 않는 모음

5-5

주요 단어 진성복합자음 + 단모음(사음) + (무형성조)

กระ

[끄라r]

주근깨, 기미

พระ

[프라r]

불상, 승려

ผลิ

[플리]

발아하다, 싹이 트다

เพราะ

[프러r]

왜냐하면 ~때문이다(접속사),
(노래) 감미롭다

쓰기 연습

2 종자음(받침)이 있는 경우

성조의 일반원리와 종자음이 올 경우 자음의 변화는 결합자음에도 동일하게 적용합니다.

(1) 「진성복합자음 + 장/단모음 + 생받침」 → 제1자음의 태생성조로 결정

초자음 + **모음** + **종자음(받침)** ⇨ **성조**

초자음

성조 결정 제1 자음	성조 부호 제2 자음	발음
ก	ร ล ว	[끄r][끌ㄹ][끄w]
ค		[크r][클ㄹ][크w]
ข		[크r][클ㄹ][크w]
ป	ร ล	[쁘r][쁠ㄹ]
พ		[프r][플ㄹ]
ผ		[프r][플ㄹ]
ต	ร	[뜨r]

\+

모음

장모음(생음)		
–ี [이-]	–ือ [으-]	–ู [우-]
เ– [에-]	เ–อ [으ㅓ-]	โ– [오-]
แ– [애-]	–า [아-]	–อ [어-]
เ–ีย [이-야]	เ–ือ [으-아]	–ัว [우-워]

단모음(사음)		
–ิ [이]	–ึ [으]	–ุ [우]
เ–ะ [에]	เ–อะ [으ㅓ]	โ–ะ [오]
แ–ะ [애]	–ะ [아]	เ–าะ [어]
เ–ียะ [이야]	เ–ือะ [으아]	–ัวะ [우워]

\+

종자음(받침)

생받침(생음) - 단독저자음	
[ㄴ]	-น -ณ -ญ -ร -ล -ฬ
[ㅁ]	-ม
[ㅇ]	-ง
w [우]	-ว
y [이]	-ย

⇨ 성조: 제1자음의 태생성조에 의해 성조 결정

* 기타모음 -ำ เ-า ไ- ใ- 는 원칙적으로 종자음과 함께 쓸 수 없습니다.

(음영) 해당 모음에 종자음이 오는 경우 모음의 형태가 변하거나 감형이 됩니다.

(연한 음영) 실생활에서 잘 쓰이지 않는 모음

5-6

주요 단어
진성복합자음 + 장모음 + 생받침 + (무형성조)

กลืน
[끌르-ㄴ]
삼키다

คลอง
[클러-ㅇ]
운하, 수로

ควาย
[콰-이]
물소(동물)

แปรง
[쁘래r-ㅇ]
솔질하다, 솔(brush)

เพลง
[플레-ㅇ]
노래

เพลิน
[플르 ㅓ-ㄴ]
심취하다, 빠지다

쓰기 연습

5-7

주요 단어

진성복합자음 + 장모음 + 생받침 + (유형성조)

คล้าย

[클라-이]

비슷하다, 유사하다

พร้อม

[프러r-ㅁ]

준비하다, 동시에

กล้วย

[끌루-워이]

바나나

เปรี้ยว

[쁘리r-여우]

(맛이) 시다, 신

กว้าง

[꽈-ㅇ]

(면적 등) 넓다

เครื่อง

[크르r-앙]

기계, (기계류 분류사) 대

쓰기 연습

5-8

주요 단어

진성복합자음 + 단모음 + 생받침 + (무형성조)

ตรง

[뜨롱r]

곧장, 바로, 정각

กลม

[끌롬]

둥글다

กรน

[끄론r]

코를 골다

ปรุง

[쁘룽r]

조리하다, 장식하다

ควัน

[콴]

연기, 김

ขวัญ

[콴]

영혼, 혼

쓰기 연습

5-9

주요 단어 진성복합자음 + 단모음 + 생받침 + (유형성조)

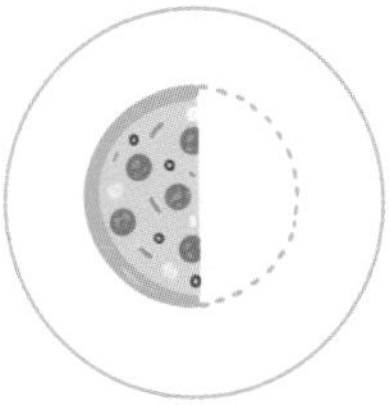

ครึ่ง

[크릉̂r]

절반, 반

ครั้ง

[크랑́r]

(분류사) 횟수, 번, 회

พรินต์

[프린́r]

프린트(print)하다

กลิ่น

[끌린̀]

냄새

* **พรินต์** [프린́r]은 영어차용어로서 성조법상 평성이지만 3성으로 발음합니다.

쓰기 연습

(2)「진성복합자음 + 장/단모음 + 사받침」 → 제1자음이 중/고자음이면 1성, 저자음이면 장/단모음에 따라 결정

초자음 + 모음 + 종자음(받침) ⇨ 성조

초자음

제1자음 (성조 결정)	제2자음 (성조 부호)	발음
ก	ร ล ว	[끄r][끌ㄹ][끄w]
ค	ร ล ว	[크r][클ㄹ][크w]
ข	ร ล ว	[크r][클ㄹ][크w]
ป	ร ล	[쁘r][쁠ㄹ]
พ	ร ล	[프r][플ㄹ]
ผ	ร ล	[프r][플ㄹ]
ต	ร	[뜨r]

\+

모음

장모음(생음)		
-ี [이-]	-ือ [으-]	-ู [우-]
เ- [에-]	เ-อ [으ㅓ-]	โ- [오-]
แ- [애-]	-า [아-]	-อ [어-]
เ-ีย [이-야]	เ-ือ [으-아]	-ัว [우-워]

단모음(사음)		
-ิ [이]	-ึ [으]	-ุ [우]
เ-ะ [에]	เ-อะ [으ㅓ]	โ-ะ [오]
แ-ะ [애]	-ะ [아]	เ-าะ [어]
เ-ียะ [이야]	เ-ือะ [으아]	-ัวะ [우워]

\+

종자음(받침)

사받침(사음)	
ㅂ	-บ -ป -พ -ภ -ฟ
ㄷ	-ด -ต -ฎ -ฏ -จ -ฒ
	-ท -ธ -ถ -ฐ -ฑ -ช -ฌ
	-ซ -ส -ศ -ษ
ㄱ	-ก -ค -ฆ -ข

⇨

성조

제1자음이 중/고자음 → 1성
저자음 → 단모음 3성 장모음 → 2성

* 기타모음 -ำ เ-า ไ- ใ- 는 원칙적으로 종자음과 함께 쓸 수 없습니다.

(회색) 해당 모음에 종자음이 오는 경우 모음의 형태가 변하거나 감형이 됩니다.

(연회색) 실생활에서 잘 쓰이지 않는 모음

5-10

주요 단어 진성복합자음 + 장모음 + 사받침 + (무형성조)

โกรธ

[끄로r-ㅅ]

화를 내다

กรอก

[끄러r-ㄱ]

작성(기재, 기입)하다

เครียด

[크리r-얏]

스트레스 받다, 긴장하다

คลอด

[클러-ㅅ]

출산하다

เปรียบ

[쁘리r-얍]

비교하다

ตรวจ

[뜨루r-웟]

조사(검사, 점검)하다

쓰기 연습

5-11

주요 단어　　진성복합자음 + 단모음 + 사받침 + (무형성조)

ครก

[크록r]

(작은) 절구

พริก

[프릭r]

(식물) 고추

พริบ

[프립r]

깜박이다

ผลัก

[플락]

밀(치)다

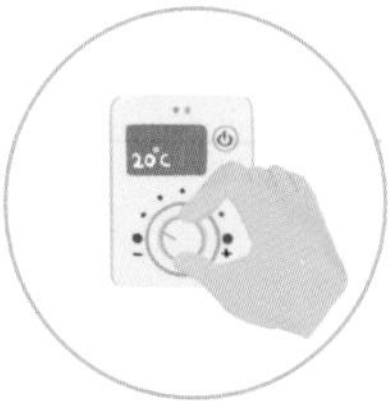

ปรับ

[쁘랍r]

조절(조정)하다,
벌금을 과하다

ครับ

[크랍r]

네,
요, 요?(남성의 존칭)

쓰기 연습

2 의사복합자음의 발음과 성조

의사복합자음은 제2자음의 소리가 나지 않거나 제1자음과 제2자음의 소리가 다르게 나는 복합자음입니다.

1 「ส/ศ/จ + ร + 모음 + (종자음)」의 경우 ร 는 발음이 되지 않는 경우가 있습니다.

* 일부 차용어의 경우 위의 규칙이 적용되지 않습니다.

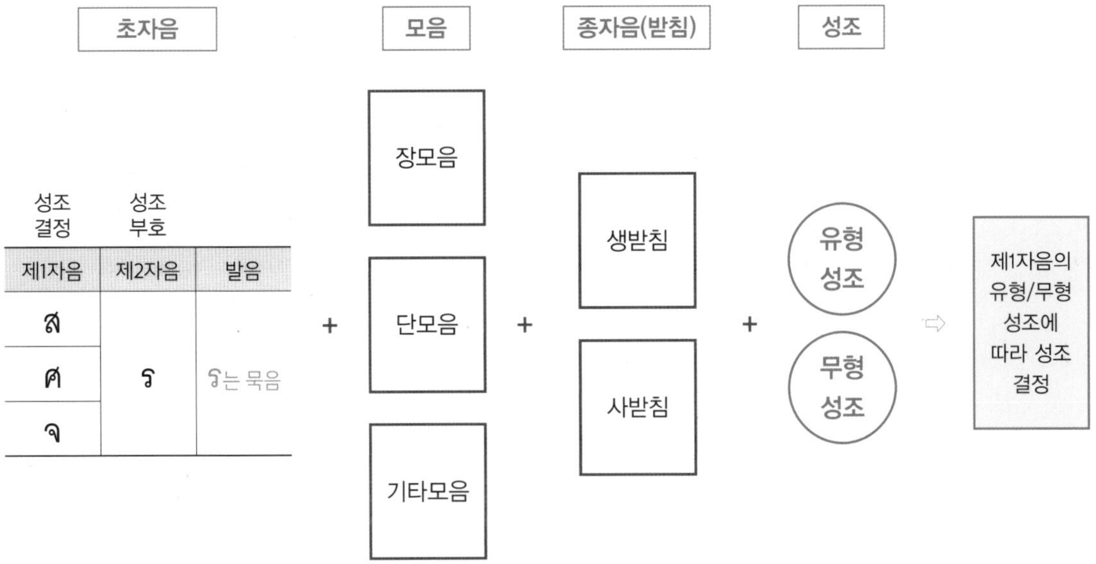

* 모음의 변화와 유형/무형성조의 원리는 동일하게 적용

* 기타모음 -ำ เ-า ไ- ใ- 는 원칙적으로 종자음(받침)이 올 수 없으며 성조법상 생음으로 간주합니다.

5-12

주요 단어

จริง

[찡]

진짜(사실)이다

สร้าง

[싸-ㅇ]

세우다, 건설(건축)하다

เสริม

[쓰ㅓ-ㅁ]

강화하다, 보충하다

예외 |

จระเข้

[쩌-라r케-]

악어(동물)

เจริญ

[짜르ㅓr-ㄴ]

번영(번성)하다

จรวด

[짜루r-웟]

로켓(rocket), 미사일

*สระ[싸] 연못, (머리) 감다 / สระ[싸라] (문법) 모음(vowel)처럼 글자와 성조는 같지만 각각 다르게 발음되어 의미가 다르게 이루어진 단어들도 있습니다.

쓰기 연습

2 「ท + ร + 모음 + (종자음)」의 경우 ท 와 ร는 저자음 ซ[ㅆ]로 발음되는 경우가 있으며, 성조 또한 저자음의 규칙을 적용합니다.

* 일부 차용어의 경우 위의 규칙이 적용되지 않습니다.

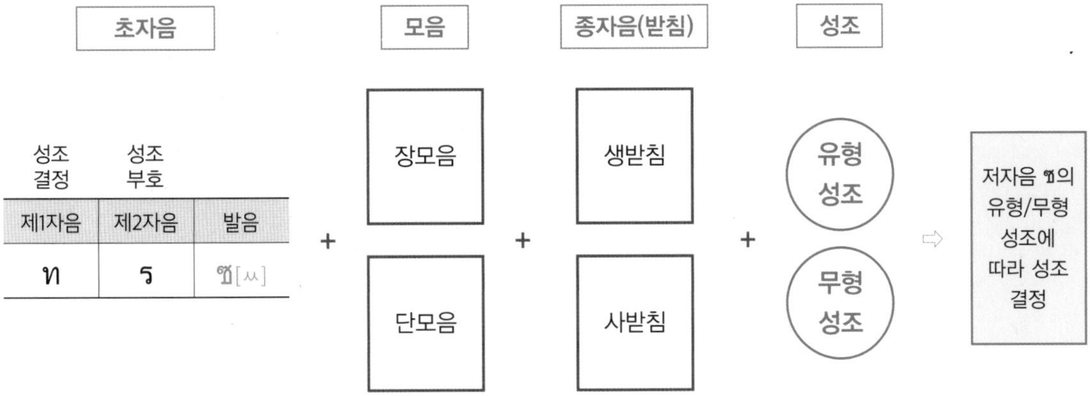

* 모음의 변화와 유형/무형성조의 원리는 동일하게 적용

5-13

주요 단어

ทรง

[쏭]

모습, 스타일,
(ทรง + 동사) ~시다<왕실>

ทราบ

[싸-ㅂ]

알다(경어체)

ทราย

[싸-이]

모래

예외 |

ทรมาน

[터-라r마-ㄴ]

학대하다, 괴롭히다

ทรยศ

[터-라r욧]

배신(배반)하다

ทรู

[트루r-]

사실(true)

쓰기 연습

2 선도자음의 발음과 성조

선도자음은 제1자음의 성조가 제2자음 음절의 성조에 영향을 주는 자음군입니다.

1 「อ + ย + 모음 + (종자음)」의 경우

제1자음 อ[ㅇ] 은 발음되지 않고 전체 음절의 성조에만 영향을 주는 자음으로, 태국어에 총 네 단어가 있습니다.

제1자음	제2자음		단어
อ [ㅇ]은 발음되지 않고 성조에만 영향	ย	+ 모음 + (종자음)	อย่า [야y-](o) [아야y-](x)
			อยู่ [유y-](o) [아야y-](x)
			อย่าง [야y-ㅇ](o) [아야y-ㅇ](x)
			อยาก [야y-ㄱ](o) [아야y-ㄱ](x)

2 「ห + 단독저자음 + 모음 + (종자음)」의 경우

제1자음인 고자음 ห[ㅎ] 은 발음되지 않고 전체 음절이 고자음화(4성)되는 자음군입니다.

초자음 + 모음 + 종자음(받침) + 성조

제1자음 (성조 결정)	제2자음 (단독저자음) (성조 부호)	발음
ห[ㅎ]은 발음되지 않고 성조에만 영향	น ณ	[ㄴ]
	ร	[ㄹr]
	ล	[ㄹ]
	ม	[ㅁ]
	ง	[ng]
	ว	[w]
	ย ญ	[y]

\+ 모음: 장모음 / 단모음 / 기타모음

\+ 종자음(받침): 생받침 / 사받침

\+ 성조: 유형 성조 / 무형 성조

⇨ 제1자음인 고자음 ห의 유형/무형 성조에 따라 결정

* 모음의 변화와 유형/무형성조, 종자음의 원리는 일반 원리와 동일하게 적용
* 기타모음 -ำ เ-า ไ- ใ- 는 원칙적으로 종자음(받침)이 올 수 없으며 성조법상 생음으로 간주합니다.

5-14

주요 단어

ห 단독저자음 + 장모음/기타모음 + (무형성조) → 4성

หนู

ˇ
[누-]

쥐(동물),
저(어린이 1인칭 대명사)

ไหน

ˇ
[나이]

어느(의문사)

หรือ

ˇ
[르r-]

~요?(사실확인 의문조사),
또는(선택접속사)

หมู

ˇ
[무-]

돼지(동물)

เหงา

ˇ
[응아오]

외롭다

ไหม

ˇ
[마이]

~요?(의사확인 의문조사),
명주, 실크

*ไหม [마이]는 성조법상 4성이지만 실제 회화에서는 **มั้ย** [마이]처럼 3성으로 발음하기도 합니다.

쓰기 연습

5-15

주요 단어 ห단독저자음 + 장모음/기타모음 + (무형성조)」 → 4성

หมอ

ˇ
[머-]
의사

หมา

ˇ
[마-]
개(동물)

หมี

ˇ
[미-]
곰(동물)

แหม

ˇ
[매-]
어머, 어머나(감탄사)

เหลือ

ˇ
[르-아]
남다

ไหว

ˇ
[와이]
흔들리다,
(유지, 계속) ~할 수 있다

쓰기 연습

5-16

주요 단어 ห 단독저자음 + 장모음/기타모음 + (유형성조) → 성조부호대로 결정

หม้อ
[머̂-]
냄비

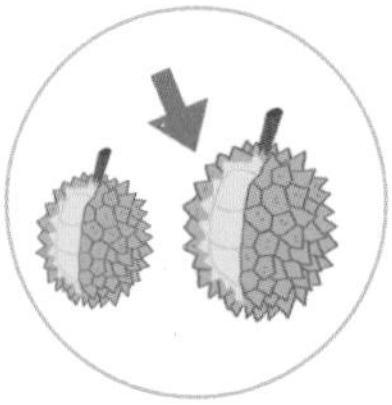

ใหญ่
[야̀y이]
크다

ใหม่
[마̀이]
새롭다

ไหม้
[마̂이]
(불)타다

หน้า
[나̂-]
얼굴, 앞, 다음, 계절, 페이지

ไหล่
[라̀이]
어깨(신체)

쓰기 연습

5-17

주요 단어

ห 단독저자음 + 장모음/단모음 + 생받침 + (무형성조) → 4성

หนอน

[너-ㄴ]

(애)벌레, 구더기

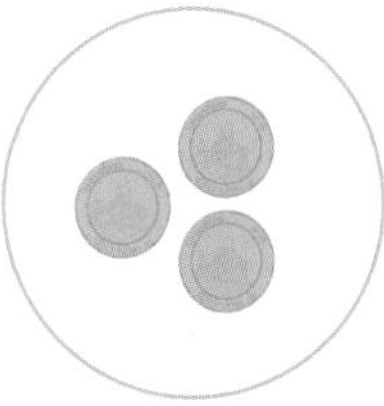

เหรียญ

[리r-얀]

동전

หลวง

[루-웡]

국왕의, 국가의

เหลือง

[르-앙]

노란색의

เหม็น

[멘]

나쁜 냄새(악취)가 나다

แหวน

[웨-ㄴ]

반지

쓰기 연습

5-18

주요 단어

ห 단독저자음 + 장모음/단모음 + 생받침 + (유형성조)
→ 성조부호대로 결정

หน่อย

[너이]

조금, 작다

เหนื่อย

[느-아이]

피곤하다

หมิ่น

[민]

얕보다, 멸시하다

หนึ่ง

[능]

(숫자) 1, 하나

쓰기 연습

5-19

주요 단어 ห + 단독저자음 + 장모음/단모음 + 사받침 + (무형성조) → 1성

หนัก

[낙]

무겁다, 세다

หลอก

[러-ㄱ]

속이다

เหงือก

[응으-악]

잇몸, 아가미

เหยียบ

[이y-얍]

(발로) 밟다

쓰기 연습

3 「중/고자음 + 단독저자음 + 모음 + (종자음)」의 경우

제1자음과 제2자음 사이에 단모음 [아] 발음이 납니다. 성조는 제1자음과 제2자음이 분리되는 것이 원칙이며, 제1자음의 성조가 제2자음 이하 전체 음절의 성조에 영향을 줍니다.

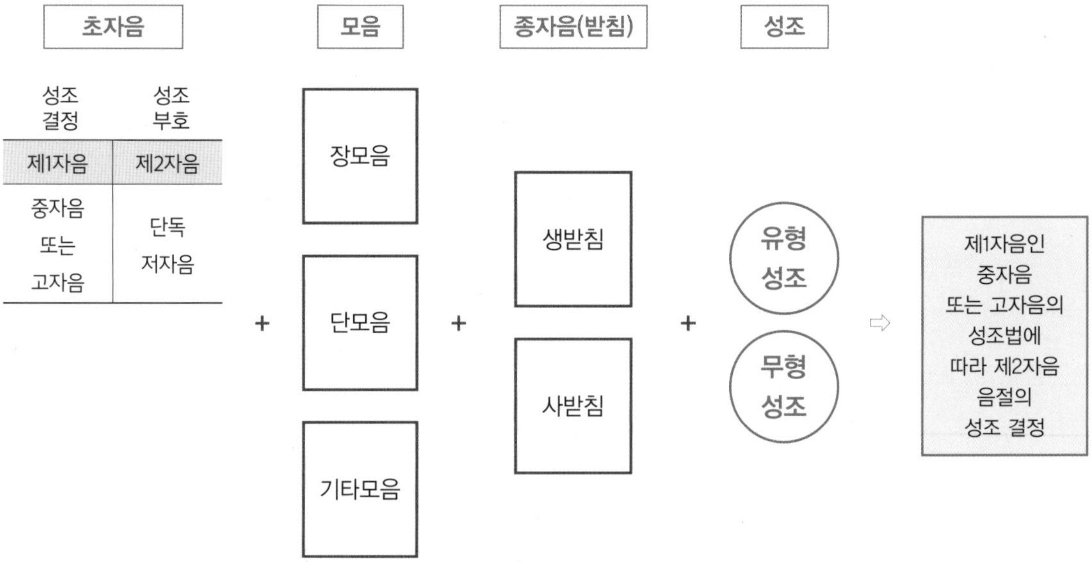

* 모음의 변화와 유형/무형성조, 종자음의 원리는 일반 원리와 동일하게 적용

* 기타모음 -ำ เ-า ไ- ใ- 는 원칙적으로 종자음(받침)이 올 수 없으며 성조법상 생음으로 간주합니다.

5-20

주요 단어

제1자음이 중자음인 경우
→ 중자음의 성조원리가 제2자음 이하 음절의 성조에 영향

กนก

[까녹]

황금(문어체)

จมูก

[짜무-ㄱ]

코

ตลก

[딸록]

웃기다, 우습다

ตลาด

[딸라-ㅅ]

시장

쓰기 연습

5-21

주요 단어 1

제1자음이 고자음인 경우
→ 고자음의 성조원리가 제2자음 이하 음절의 성조에 영향

ขนม

[카놈]

(태국식) 과자류

ถนน

[타논]

도로

ฉลาด

[차ㄹ라-ㅅ]

똑똑(영리)하다

เฉลย

[차ㄹ러-이]

해설하다, 정답

쓰기 연습

5-22

주요 단어 2

제1자음이 고자음인 경우
→ 고자음의 성조원리가 제2자음 이하 음절의 성조에 영향

สมุด

[싸뭇]

공책, 노트

สยาม

[싸야y-ㅁ]

시암(siam, 태국의 옛 국호)

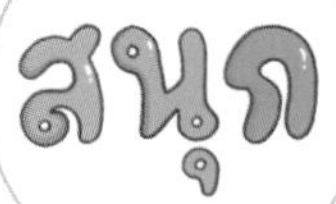

สนุก

[싸눅]

즐겁다, 유쾌하다

ฝรั่ง

[퐈f랑r]

구아바(과일), 서양인

쓰기 연습

확인학습 ● 선도자음 규칙이 적용되지 않는 단어

5-23

아래 단어들은 선도자음 규칙이 적용되지 않는 예외 단어들로, 성조에 주의하여 학습하세요.

อนุญาต

[아누야-yㅅ](o) [아누야-yㅅ](x)

허가(승인)하다

อนุบาล

[아누바-ㄴ](o) [아누바-ㄴ](x)

유치원

สมาชิก

[싸마-칙](o) [싸마-칙](x)

회원, 식구

สมาธิ

[싸마-티](o) [싸마-티](x)

집중하다, 명상하다

여기서 잠깐! 태국어의 기타부호

태국어에는 다음과 같은 특수한 부호들을 사용합니다.

5-24

1 묵음부호 ◌์ (ไม้ทัณฑฆาต) [마이탄타카-ㄷ]

일부 단어에서 자음 위에 묵음부호가 사용되면 1)해당 자음 2)자음과 모음 3)자음의 앞 자음이 발음되지 않는 경우가 있습니다. 이때 소리가 나지 않는 자음을 **การันต์** [까-란] 이라고 부릅니다. 묵음부호는 주로 차용어에서 많이 나타납니다.

ยักษ์
[약]
도깨비

อาร์ต
[아-ㅅ]
아트(art)

จันทร์
[짠]
달

2 단모음화 부호 ◌็ (ไม้ไต่คู้) [마이따이쿠-]

단모음으로 읽으라는 표시로 단모음의 변화(p. 80)와 관련이 있는 부호이며, 자음 상단 중간에 씁니다. 태국어의 고유숫자 8 과도 그 모양이 같고, 단모음화 부호는 영어 표기에도 많이 사용됩니다.

เด็ก
[덱]
어린이

เผ็ด
[펫]
(맛이) 맵다

เร็ว
[레우]
(속도) 빠르다

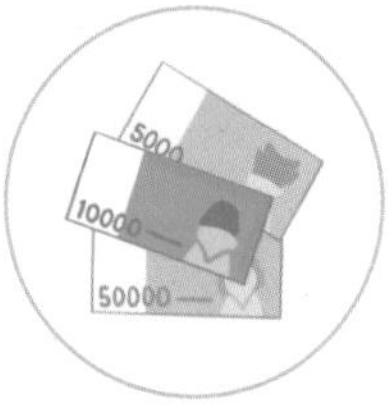

เจ็ด	แล็ปท็อป	แบงก์
[쩻]	[랩텁]	[뱅]
일곱, 7	랩톱 컴퓨터	은행, 지폐

3 **반복부호 -ๆ (ไม้ยมก)** [마이야목]

부호의 왼쪽에 있는 단어나 구를 두 번 읽으라는 부호입니다. 이때 부호의 왼쪽과 오른쪽은 띄어 쓰는 것이 원칙이며, 다음과 같은 다양한 의미를 나타낼 수 있습니다.

1 **복수형을 만들어 주는 경우**

일부 명사를 두 번 발음하면 복수를 나타냅니다.

เด็ก ๆ	เพื่อน ๆ	ลูก ๆ
[덱덱]	[프안프-안]	[룩루-ㄱ]
어린이들	친구들	자녀(자식)들

발음팁 장모음을 두 번 발음할 경우 첫 음절은 조금 짧게 발음합니다.

2 수식사를 강조하여 의미가 강화되는 경우

상태동사나 부사와 같은 수식사를 반복하면 주로 그 의미가 강조됩니다.

① 상태동사를 반복해서 말하는 경우 의미를 강조하게 되는데 주로 구어체에서 많이 사용됩니다.

อร๊อยอร่อย

[아러-이 아러-이]

(엄청) 맛있다

ส๊วยสวย

[쑤-워이 쑤-워이]

(엄청) 예쁘다

ห๊อมหอม

[허-ㅁ 허-ㅁ]

(엄청) 향기롭다

발음팁 상태동사를 반복해서 말하는 경우 첫 음절의 성조는 3성으로 길게 발음합니다.

② 부사를 반복해서 말하는 경우 그 의미를 강조하게 됩니다.

มากๆ

[막마-ㄱ]

(아주) 많이

เยอะๆ

[여y여y]

(아주) 많이

เร็วๆ

[레우레우]

빨리빨리

ช้า ๆ	**หนัก ๆ**	**เบา ๆ**
[차 차-]	[낙낙]	[바오바오]
천천히	(아주) 세게	(아주) 약하게

발음팁 장모음을 두 번 발음할 경우 첫 음절은 조금 짧게 발음합니다.

3 의미의 약화를 나타내는 경우

주로 색채를 나타내거나 상태를 나타내는 일부 동사를 두 번 발음하면 의미가 약화되기도 합니다.

แดง ๆ	**ดำ ๆ**	**คล้าย ๆ**
[댕 대-ㅇ]	[담담]	[클라이클라-이]
불그스름하다	거무스름하다	비슷비슷하다

주의 색채어의 경우 첫 음절을 3성으로 발음하면 그 의미가 강화된다는 점을 주의합니다.

แด๊งแดง

[대-ㅇ 대-ㅇ]

새빨갛다

ด๊ำดำ

[다-ㅁ 담]

새까맣다

ข๊าวขาว

[카-우 카-우]

새하얗다

4 의미를 광범위하게 해주는 경우

의문사나 일부 명사를 반복했을 때 그 의미를 넓게 확장해주는 경우가 있습니다.

ใครๆ

[크라이 크라이]

누구든

อะไรๆ

[아라이 아라이]

무엇이든

แถวๆ

[태우 태-우]

근처, 주변

5 분할의 의미를 표현하는 경우

분류사를 두 번 반복하게 되면 그 단위의 나눈 부분을 나타내는 경우가 있습니다.

ถุงๆ

[퉁 퉁]

봉지별로

ชิ้นๆ

[친 친]

조각으로

อันๆ

[안 안]

한 개(하나)씩

4 생략부호 -ฯ (ไปยาลน้อย) [빠이야-ㄴ너-이]

긴 단어나 구를 짧게 줄여 주거나 생략하면서 붙여주는 부호입니다.

กรุงเทพฯ

[끄룽테-ㅂ]

방콕

발음팁 태국의 수도인 방콕의 명칭은 세계에서 가장 긴 도시이름으로 기네스북에 올라있을 정도로 길기 때문에 **กรุงเทพ ฯ** [끄룽 테-ㅂ] 또는 **กรุงเทพมหานคร** [끄룽 테-ㅂ마 하-나 커-ㄴ] 이라고 줄여서 부르는 게 일반적입니다.

5 '기타 등등'의 부호 ฯลฯ (ไปยาลใหญ่) [빠이야-ㄴ야이]

어떤 문장에서 예를 나열하면서 마지막 예시 단어의 다음에 사용하는 부호이며, 해당 부호의 앞과 뒤는 띄어 쓰는 것이 원칙입니다.

อาหารไทยมี ส้มตำ ผัดไทย ต้มยำกุ้ง ฯลฯ

[아-하-ㄴ 타이 미- 쏨땀 팟타이 똠얌꿍 래은-으-ㄴ]

태국음식은 쏨땀 팟타이 똠얌꿍 기타등등이 있다.

ผลไม้ไทยมี มังคุด ทุเรียน มะม่วง กล้วย ฯลฯ

[폰라마이 타이 미- 망쿳 투리-얀 마무-웡 끌루-워이 래은-으-ㄴ]

태국과일은 망고스틴 두리안 망고 바나나 기타등등이 있다.

발음팁 ฯลฯ 부호는 **และอื่น ๆ** [래 은으-ㄴ] 으로 발음하는 것이 일반적입니다.

6 발음과 성조법의 예외

1 자음이나 모음이 발음되지 않는 음절 읽기

6-1

1 음절의 끝에 묵음부호 ◌์ [마이탄타카-ㅅ]이 있는 자음(**การันต์** [까-란r])은 발음하지 않습니다.

- 묵음부호는 주로 차용어(발리/산스크리트어, 영어 등)에 많이 있습니다.
- 까란의 주요 음절구성:
  -น์ -ณ์ -ร์ -ล์ -ว์ -ย์ -ก์ -ป์ -ดิ์ -ดร์ -ต์ -ตร์ -ท์ -ทร์ -ธิ์ -ธุ์ -ธ์ -ฐ์ -ษ์ -ฑ์ -ห์
- 영어차용어의 경우 장·단모음과 성조법이 지켜지지 않는 경우가 많습니다.

แพทย์
[패-ㅅ]
의사(문어체)

สัตว์
[쌋]
동물

อาทิตย์
[아-팃]
태양, 일요일

คอมพิวเตอร์
[컴피우뜨ㅓ-]
컴퓨터(computer)

2 음절의 끝이 아닌 음절 내에 있는 **การันต์** [까-란r] 의 경우에도 해당 자음을 발음하지 않습니다.

ฟิล์ม

[핌f]

필름(film), 영화

คอนเสิร์ต

[컨쓰ㅓ-ㅅ]

공연, 콘서트(concert)

เฟอร์นิเจอร์

[프ㅓ니쯔ㅓ-]

가구(furniture)

การ์ด

[까-ㅅ]

카드(card)

* การ์ด[까-ㅅ]를 1성으로 발음할 경우 경호원(guard)의 의미가 됩니다.

쓰기 연습

3 **การันต์** [까-란r]과 더불어 그 앞에 위치한 자음의 발음 또한 묵음이 되는 경우가 있습니다.

จันทร์

[짠]

달(천문), 월요일

กาญจน์

[까-ㄴ]

황금(문어체)

มนตร์

[몬]

주문(을 외우다)

สิญจน์

[씬]

성수를 뿌리다

쓰기 연습

4 **การันต์** [까-란r]에 단모음 ิ[이] 또는 ุ[우] 가 함께 있는 경우에도 발음을 하지 않습니다.

ศักดิ์

[싹]

권세, 지위

สิทธิ์

[씻]

권리, 자격

ภักดิ์

[팍]

충성하다

พันธุ์

[판]

품종, 종

쓰기 연습

5 종자음에 단모음 ิ[이] 또는 ุ[우] 가 있는 경우 해당 종자음의 음절은 발음하지 않는 경우가 있습니다.

อุบัติ

[우밧](o) [우밧띠](x)

발생, 근원

เหตุ

[헤-ㅅ](o) [헤-뚜](x)

원인, ~로 인하여

ชาติ

[차-ㅅ](o) [차-띠](x)

국가

ญาติ

[야y-ㅅ](o) [야y-띠](x)

친척, 친족

단, 두 단어가 합성어로 이루어질 경우 연음이 될 수도 있습니다.

อุบัติ[우밧] + **เหตุ**[헤-ㅅ] → **อุบัติเหตุ** [우밧띠헤-ㅅ]

쓰기 연습

6-2

2 ร [러r–] 관련 발음의 예외

1 「자음 + 모음 + 종자음 + ร」 또는 「자음 + 모음 + ร + 자음」의 경우

ร는 발음하지 않는 것이 원칙입니다.

บัตร

[밧]

증서, 증, 카드

มิตร

[밋]

친구(문어체), 교우

สามารถ

[싸-마-ㅅ](o) [싸-마-롯](x)

~할 수 있다(가능)

ปรารถนา

[쁘라r-ㅅ타나-]

기원하다, 소망하다

쓰기 연습

2 「자음 + ร」로 음절이 시작하는 경우

「자음 + [ㅓ-] + ร[라r]」로 발음되는 경우가 있습니다.

ทรยศ

[터-라r욧]

배신(변절, 반역)하다

ทรมาน

[터-라r마-ㄴ]

학대하다, 괴롭(히)다

มรดก

[머-라r독]

유물, 유산

มรกต

[머-라r꼿]

에메랄드

쓰기 연습

3 「자음 + ร」로 음절이 끝나는 경우

「자음 + ร[ㅓ-ㄴ]」으로 발음합니다. 단, 「모음 + ร」로 끝나는 경우 ร 는 [ㄴ] 종자음으로 발음됩니다(p.42).

จร

[쩌-ㄴ](o) [쫀](x)

유랑하다

พร

[퍼-ㄴ](o) [폰](x)

축복, 축하

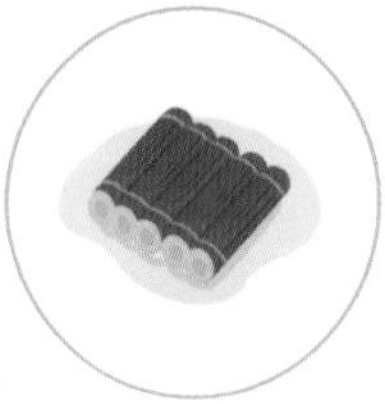

ดร

[더-ㄴ](o) [돈](x)

(작은) 뗏목(문어체)

ศร

[써-ㄴ](o) [쏜](x)

화살표(부호, 활)

쓰기 연습

4 「자음(+ 자음) + **รร**(+ 묵음)」로 음절이 끝나는 경우

รร는 단모음 + [안] 으로 발음합니다.

ครรภ์

[칸]

태아, 임산부의 배

บรรทุก

[반툭]

적재하다, 싣다

สวรรค์

[싸완]

천국

ภรรยา

[판야y- / 판라r야-] (o)

아내, 부인

* **ภรรยา** 와 같이 일부 단어는 예외적으로 복수발음을 인정하는 경우도 있습니다.

쓰기 연습

5 「자음 + รร + 자음」으로 음절이 끝나는 경우

รร는 단모음 [아]로 발음합니다.

กรรม

[깜]

업(불교), 목적어(문법)

ธรรม

[탐]

불법(불교)

วรรค

[왁]

간격, 띄어쓰기

พรรค

[팍]

무리, 패거리

쓰기 연습

6 「자음 + รร + 자음 + 자음 + 모음(+ 종자음)」의 경우

자음 + รร[ㅏ] + 자음 + [아] + 자음 + 모음(+ 종자음)처럼 발음합니다.

สรรพคุณ

[쌉파쿤]

(약품의) 효능, 효력

สรรพสินค้า

[쌉파씬카-]

다양한 물품, 백화

ธรรมนูญ

[탐마누-ㄴ]

헌장, 법전

ธรรมชาติ

[탐마차-ㅅ]

자연

쓰기 연습

3 기타 자음 또는 모음의 발음

6-3

1 「บ + 자음 + 모음」으로 시작하는 경우

「บ[버-] + 자음 + 모음」으로 발음되는 경우가 있습니다.

บริษัท

[버-리r쌋]

회사

บริหาร

[버-리r하-ㄴ]

경영(행정, 관리)하다

บริจาค

[버-리r짜-ㄱ]

기부하다

บริการ

[버-리r까-ㄴ]

서비스

쓰기 연습

2 「ปริ + 자음 + 모음(+ 종자음)」의 경우

「[빠리r] + 자음 + 모음」으로 발음되는 경우가 있습니다. (p.90의 진성복합자음이 적용되지 않는 예외적인 경우)

ปริมาณ
[빠리r마-ㄴ]
수량, 양

ปริญญา
[빠린r야y-]
학위, 지식

ปรินิพพาน
[빠리r닙파-ㄴ]
열반(불교)

ปริยาย
[빠리r야y-이]
우회하다, 간접적이다

쓰기 연습

3 ฑ[ㅌ] 의 발음

[ㅌ] 또는 [ㄷ] 으로 발음합니다.

ทัณฑวิทยา

[탄타윗타야y-]

행형학, 교도소 관리학

มณโฑ

[몬토]

(고대소설) 여성 이름

บัณฑิต

[반딧]

현인, 학자

มณฑป

[몬돕]

(왕궁/사원) 네모진 건축물

쓰기 연습

4 ฤ 의 발음

1 ฤ [르r]로 발음되는 경우

ฤดู

[르r두-]

계절

พฤติกรรม

[프릇r띠깜]

행위, 행동

พฤษภาคม

[프릇r싸파-콤]

5월

พฤศจิกายน

[프릇r싸찌까-욘]

11월

쓰기 연습

2 ฤ [리r] 로 발음되는 경우

ฤทธิ์
[릿r]
신통, 신기, 번영

ทฤษฎี
[트릿r싸디-]
이론, 견문

อังกฤษ
[앙끄릿r]
영국

3 ฤ [르ㅓr-] 로 발음되는 경우(아래 단어가 유일)

ฤกษ์
[르r ㅓ-ㄱ]
길하다, 상서롭다

쓰기 연습

6-4

4 발음과 성조법의 예외

일부 단어는 태국어의 성조규칙이 적용되지 않고 관습에 따라 발음되는 단어들이 있습니다. 생활에서 많이 쓰는 단어들의 예를 통해 성조에 맞게 발음하는 연습을 하길 바랍니다.

1 첫 음절의 첫 번째 자음이 다음 음절의 성조에 영향을 주는 경우

อดิเรก
[아디레r-ㄱ]
특별하다, 취미가 있다

ศักราช
[싹까라r-ㅅ]
기원, 연대, 역

ประโยชน์
[쁘라r요y-ㅅ]
이익, 유익, 영양가

ประโยค
[쁘라r요y-ㄱ]
문장

쓰기 연습

2 변형어(파생어)로 인한 성조의 예외

본래 한 음절이었던 단어가 두 음절로 변형(파생)되었으나, 원어의 성조규칙을 그대로 따르는 예외적인 성조 규칙

원어	변형어
เกิด [끄ㅓ-ㅅ] 태어나다	กำเนิด [깜느ㅓ-ㅅ] 출신, 출생(하다), 기원
ตรวจ [뜨루r-웟] 검사하다	ตำรวจ [땀루r-웟] 경찰
เสร็จ [쎗] 끝내다, 마치다	สำเร็จ [쌈렛r] 완성(성공)하다
ปรุง [쁘룽r] 조리하다, 장식하다	บำรุง [밤룽r] 보양하다, 보호하다
จ่าย [짜-이] 지불하다	จำหน่าย [짬나-이] 판매하다, 발행하다
예외(변형 후의 성조규칙을 그대로 따르는 경우)	
แจก [째-ㄱ] 나누다, 분배(분류)하다	จำแนก [짬내-ㄱ] 구분(구별)하다
อาจ [아-ㅅ] 아마도 ~일 것이다, 용감하다	อำนาจ [암나-ㅅ] 권력, 힘, 세력

3 영어차용어로 인한 발음과 성조의 예외

태국도 영어의 영향을 받아 영어표기법이 다양하게 사용되고 있으며 그 사용빈도 또한 점점 증가하는 추세이기 때문에 장·단모음과 성조규칙이 적용되지 않는 경우가 많습니다.
생활에서 자주 쓰이는 영어단어를 통해 성조에 알맞게 발음하는 연습을 하시길 바랍니다.

กอล์ฟ

[꺼-ㅂ] / [껍]

골프(golf)

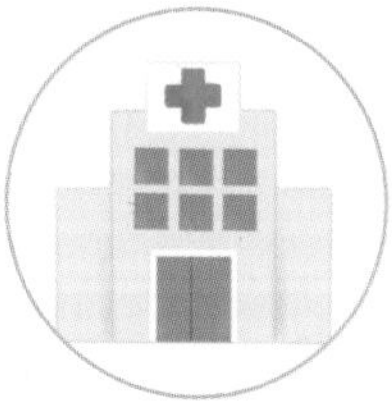

คลินิก

[클리닉]

클리닉(clinic)

* 골프는 장·단모음의 복수발음을 인정합니다.

คอนโดมิเนียม

[컨도미니-얌]

콘도미니엄(condominium)

ช็อกโกแลต

[척꼬ㄹ렛]

초콜릿(chocolate)

เทคโนโลยี

[텍노ㄹ로이y-]

테크놀로지(technology)

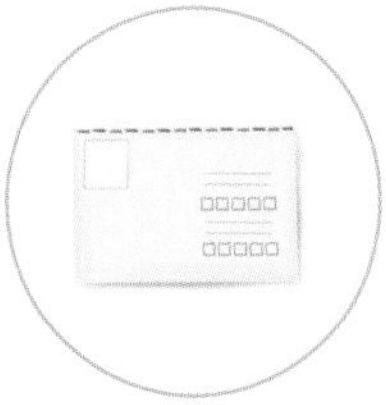

โปสการ์ด

[뽀싸까-ㅅ]

엽서(postcard)

ฟรี

[프f리r-]

무료(free)

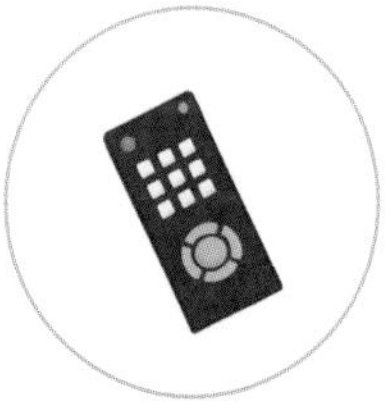

รีโมต

[리r모-ㅅ]

리모컨(remote)

쓰기 연습

4 특수단어

자음만 쓰이지만 의미와 쓰임이 있는 단어

단어	발음	의미
ก็	[꺼̂-]	~도, 또한, 연결어
บ่	[버̀]	~이 아니다 = ไม่
ณ	[나́]	(시간, 장소) 에, 에서 = ใน
ธ	[타́]	(존칭어) 그분, 당신 = ท่าน

태국어의 성조 결정 순서

태국어의 성조를 결정할 때 아래의 순서대로 적용해 보세요!

주의 성조부호의 유무를 제일 먼저 확인하세요!

단어에 성조부호가

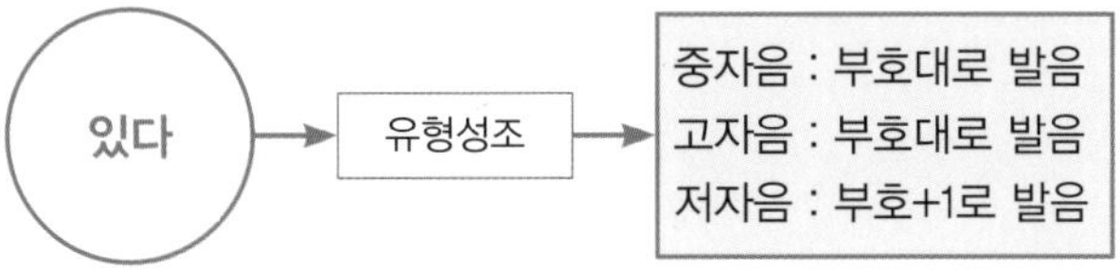

단어에 성조부호가

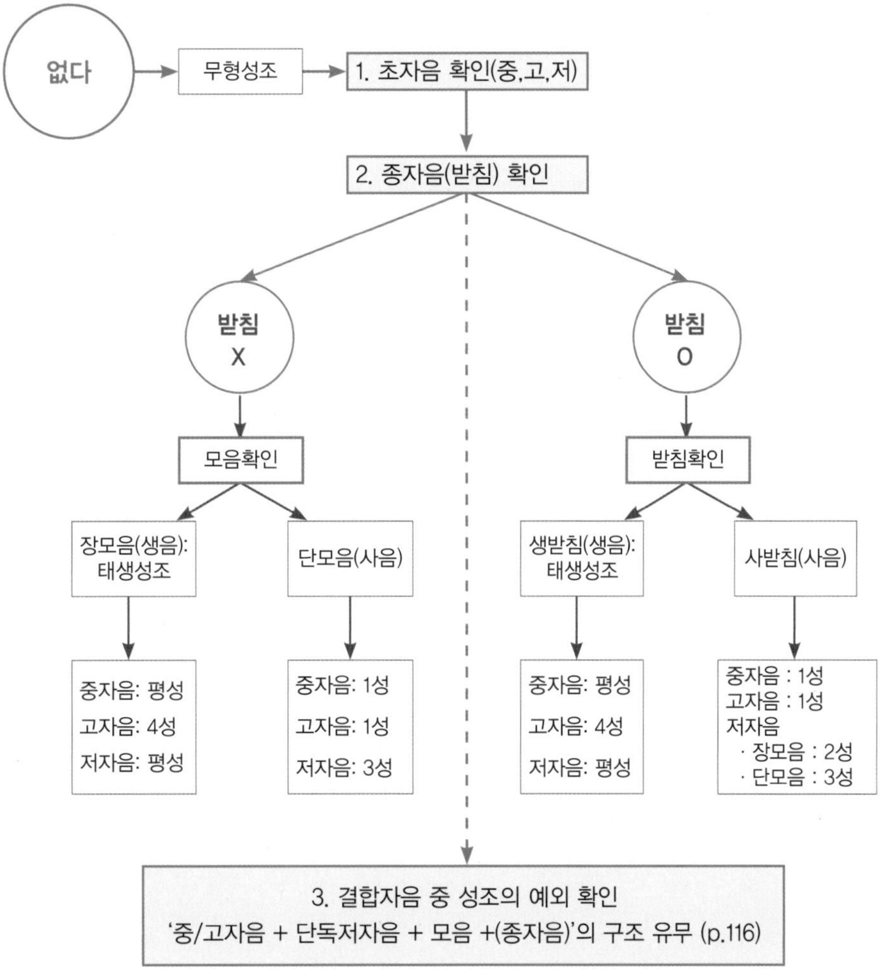

출판사, 저자, 강사, 독자가 공존하기 위한 문예림 정책

평등한 기회와 공정한 정책으로

올바른 출판문화를 이끌도록 하겠습니다.

저 자

1 **도서의 판매부수에 따라 인세를 정산하지 않습니다.**
우리는 도서 판매여부와 관계없이 초판, 증쇄 발행 후 30일 이내 일괄 지급합니다. 보다 좋은 콘텐츠 연구에 집중해주십시오. 판매보고는 반기별로, 중쇄 계획은 인쇄 60일 전 안내합니다.

2 **도서 계약은 매절로 진행하지 않습니다.**
매절계약은 불합리한 계약방식입니다. 이러한 방식은 저자들의 집필 의욕을 저해시키며, 결국에는 생존력 짧은 도서로 전락하고 맙니다.

3 **판매량을 기준으로 절판하지 않습니다.**
판매량에 따라 지속 판매 여부를 결정하지 않으며 전문성, 영속성, 희소성을 기준으로 합니다.

강 사

1 **동영상강의 콘텐츠 계약은 매절로 진행하지 않습니다.**
우리는 강사님의 소중한 강의를 일괄 취득하는 행위는 하지 않으며, 반기별 판매보고 후 정산합니다.

2 **유료 동영상강의 인세는 콘텐츠 순 매출액의 20%를 지급합니다.(자사 사이트 기준)**
우리는 가르침의 의미를 소중히 알며, 강사와 공존을 위하여 업계 최고 조건으로 진행합니다.

3 **판매량에 따라 동영상강의 서비스를 중단하지 않습니다.**
판매량에 따라 서비스 제공 여부를 결정하지 않으며 지속가능한 의미가 있다면 유지합니다. 전문성, 영속성, 희소성을 기준으로 합니다.

독자 및 학습자

1 **도서는 제작부수에 따라 정가를 정합니다.**
적절한 정가는 저자가 지속적인 연구할 수 있는 기반이 되며, 이를 통해 독자와 학습자에게 전문성 있는 다양한 콘텐츠로 보답할 것입니다.

2 **도서 관련 음원(MP3)은 회원가입 없이 무료제공됩니다.**
원어민 음원은 어학학습에 반드시 필요한 부분으로 아무런 제약 없이 자유롭게 제공합니다. 회원가입을 하시면 보다 많은 서비스와 정보를 얻으실 수 있습니다.

3 **모든 콘텐츠는 책을 기반으로 합니다.**
우리의 모든 콘텐츠는 책에서부터 시작합니다. 필요한 언어를 보다 다양한 콘텐츠로 제공하도록 하겠습니다.

문자는 기억의 시스템이다.

อักษรเป็นระบบความจำ

마인드맵 성조 태국어 문자 TEST

피무 지음

อักษรเป็นระบบความจำ

มายแมพ – วรรณยุกต์, อักษรไทย

언어평등

마인드맵 성조
태국어 문자
TEST

목차

마인드맵 성조

태국어 문자 TEST

01 | 태국어의 자음

연습문제

1 중자음 암기 확인

1 다음 발음에 해당하는 중자음을 적어 보세요.

① [쩌-] ....

② [버-] ....

③ [더-] ....

④ [꺼-] ....

⑤ [뻐-] ....

⑥ [떠-] ....

⑦ [어-] ....

2 녹음을 듣고 올바른 발음의 자음을 연결해 보세요.

1-1

① ก •	• [버-]
② ป •	• [뻐-]
③ ต •	• [더-]
④ อ •	• [떠-]
⑤ ด •	• [꺼-]
⑥ บ •	• [쩌-]
⑦ จ •	• [어-]

2 고자음 암기 확인

1 다음 발음에 해당하는 고자음을 적어 보세요.

① [커-] ....

② [허-] ....

③ [처-] ....

④ [터-] ....

⑤ [퍼-] ....

⑥ [풔f-] ....

⑦ [써-] ....

2 녹음을 듣고 올바른 발음의 자음을 연결해 보세요. 1-2

① ผ • • [처-]

② ห • • [커-]

③ ฉ • • [퍼-]

④ ถ • • [터-]

⑤ ส • • [허-]

⑥ ข • • [써-]

⑦ ฝ • • [풔f-]

3-1 저자음 암기 확인 – 대응저자음

1 다음 발음에 해당하는 저자음을 적어 보세요.

① [써-] .... ② [커-] ....

③ [퍼-] .... ④ [터-] ....

⑤ [처-] .... ⑥ [허-] ....

⑦ [풔f-] ....

2 녹음을 듣고 올바른 발음의 자음을 연결해 보세요. 1-3

① ฟ • • [처-]

② ช • • [커-]

③ พ • • [퍼-]

④ ค • • [터-]

⑤ ฮ • • [허-]

⑥ ซ • • [써-]

⑦ ท • • [풔f-]

3-2 저자음 암기 확인 – 단독저자음

1 다음 발음에 해당하는 저자음을 적어 보세요.

① [머-] .... ② [러r-] ....

③ [워w-] .... ④ [응ng어-] ....

⑤ [러-] .... ⑥ [너-] ....

⑦ [여y-] ....

2 녹음을 듣고 올바른 발음의 자음을 연결해 보세요.

1-4

① ล •	• [머-]
② ว •	• [러r-]
③ น •	• [응ng어-]
④ ย •	• [너-]
⑤ ง •	• [워w-]
⑥ ม •	• [러-]
⑦ ร •	• [여y-]

→정답

1
- **1** ① จ ② บ ③ ด ④ ก ⑤ ป ⑥ ต ⑦ อ
- **2** ① [꺼-] ② [뻐-] ③ [떠-] ④ [어-] ⑤ [더-] ⑥ [버-] ⑦ [쩌-]

2
- **1** ① ข ② ห ③ ฉ ④ ถ ⑤ ผ ⑥ ฝ ⑦ ส
- **2** ① [퍼-] ② [허-] ③ [처-] ④ [터-] ⑤ [써-] ⑥ [커-] ⑦ [풔f-]

3-1
- **1** ① ซ ② ค ③ พ ④ ท ⑤ ช ⑥ ฮ ⑦ ฟ
- **2** ① [풔f-] ② [치-] ③ [퍼-] ④ [커-] ⑤ [허-] ⑥ [써-] ⑦ [터-]

3-2
- **1** ① ม ② ร ③ ว ④ ง ⑤ ล ⑥ น ⑦ ย
- **2** ① [러-] ② [워w-] ③ [너-] ④ [여y-] ⑤ [응ng어-] ⑥ [머-] ⑦ [러r-]

02 | 태국어의 자음과 유형성조

연습문제

1 중/고자음과 유형성조

1 다음 태국어의 발음을 적고 발음 위에 성조표기도 해 보세요.

보기

ป้า [바̂-]

① ด้า .... ② ขี่ ....

③ ฉี่ .... ④ ป้า ....

⑤ ขี้ .... ⑥ จ๋า ....

2 녹음을 듣고 발음을 올바르게 연결해 보세요.

2-1

① ด่า • • [따̌-]

② สี่ • • [바̌-]

③ ป๋า • • [아́-]

④ อ๊า • • [다̀-]

⑤ ต๋า • • [씨̀-]

2 저자음과 유형성조

1 다음 태국어의 발음을 적고 발음 위에 성조표기도 해 보세요.

> **보기**
>
> ฟ้า [파́f-]

① ว่า .... ② ช้า ....

③ ค่า .... ④ ท่า ....

⑤ ม้า .... ⑥ ย่า ....

2 녹음을 듣고 발음을 올바르게 연결해 보세요. 2-2

① ท้า •	• [나̂-]
② ค้า •	• [카́-]
③ น่า •	• [타́-]
④ ล้า •	• [라́-]
⑤ น้า •	• [나́-]

→정답

1
1 ① [다̂-] ② [키̀-] ③ [치̀-] ④ [빠̂-] ⑤ [키̂-] ⑥ [짜̌-]
2 ① [다̂-] ② [씨̀-] ③ [바̌-] ④ [아́-] ⑤ [따̌-]

2
1 ① [와̂-] ② [차́-] ③ [카̂-] ④ [타̂-] ⑤ [마́-] ⑥ [야̂y-]
2 ① [타́-] ② [카́-] ③ [나̂-] ④ [라́-] ⑤ [나́-]

03 | 태국어의 자음과 무형성조

연습
문제

1 중/고/저자음과 장모음(생음)의 무형성조

1 다음 태국어의 발음을 적고 발음 위에 성조표기도 해 보세요.

보기

ตา [따-]

① หา .... ② งา ....

③ ฝา .... ④ รา ....

⑤ อา .... ⑥ พา ....

2 녹음을 듣고 발음을 올바르게 연결해 보세요.

3-1

① ดา • • [따-]

② สี • • [바-]

③ บา • • [아-]

④ อา • • [다-]

⑤ ตา • • [씨̌-]

2 중/고/저자음과 단모음(사음)의 무형성조

1 다음 태국어의 발음을 적고 발음 위에 성조표기도 해 보세요.

보기

ขะ 카̀

① หะ .... ② ทะ ....

③ ฝะ .... ④ บะ ....

⑤ ชะ .... ⑥ ระ ....

2 녹음을 듣고 발음을 올바르게 연결해 보세요. 3-2

① ซะ •   • [싸́]

② ปะ •   • [아̀]

③ พะ •   • [와́]

④ วะ •   • [빠̀]

⑤ อะ •   • [파́]

→정답 1 **1** ① [하̌-] ② [응ng아̄-] ③ [파̌f-] ④ [라̄r-] ⑤ [아̄-] ⑥ [파̄-]

2 ① [다̄-] ② [씨̌-] ③ [바̄-] ④ [아̄-] ⑤ [따̄-]

2 **1** ① [하̀] ② [타́] ③ [파̀f] ④ [바̀] ⑤ [싸́] ⑥ [라́r]

2 ① [싸́] ② [빠̀] ③ [파́] ④ [와́] ⑤ [아̀]

04 | 태국어의 종자음(받침)과 무형성조

연습문제

1 중자음 + 장/단모음 + 생받침(생음)의 무형성조

1 다음 태국어의 발음을 적고 발음 위에 성조표기도 해 보세요.

보기

ปิง [삥]

① จีม ....
② อิว ....
③ ติง ....
④ กีม ....
⑤ บิม ....
⑥ ปีณ ....

2 녹음을 듣고 발음을 올바른 발음에 O표 하세요.

4-1

① ดิง [딩 / 디우]
② บิญ [빔 / 빈]
③ อีน [이-ㅁ / 이-ㄴ]
④ ติว [띠우 / 띵]

2 고자음 + 장/단모음 + 생받침(생음)의 무형성조

1 다음 태국어의 발음을 적고 발음 위에 성조표기도 해 보세요.

보기

สิง [씽]

① ฝีน ....
② ขีง ....
③ หีน ....
④ ษีณ ....
⑤ สิว ....
⑥ ถิง ....

2 녹음을 듣고 올바른 발음에 O표 하세요.

4-2

① ศีณ [씨-ㅁ / 씨-ㄴ]

② ฉิง [치우 / 칭]

③ หีว [히-ㅇ / 히-우]

④ ฝีน [퓌f-ㄴ / 퓌f-ㅁ]

3 저자음 + 장/단모음 + 생받침(생음)의 무형성조

1 다음 태국어의 발음을 적고 발음 위에 성조표기도 해 보세요.

보기

มิน [민]

① วีน ....

② ยิน ....

③ ชิง ....

④ งีว ....

⑤ คีม ....

⑥ นิญ ....

2 녹음을 듣고 올바른 발음에 O표 하세요.

4-3

① ณีม [이y-ㅁ / 니-ㅁ]

② ทิว [티우 / 팅]

③ ฮิง [히우 / 힝]

④ ซีน [씨-ㅁ / 씨-ㄴ]

4 중/고자음 + 장/단모음 + 사받침(사음)의 무형성조

1 다음 태국어의 발음을 적고 발음 위에 성조표기도 해 보세요.

> 보기
>
> บิด [빗]

① กิจ ....

② อีก ....

③ ปิด ....

④ ฉีด ....

⑤ ถีบ ....

⑥ จีบ ....

2 녹음을 듣고 올바른 발음에 O표 하세요.

4-4

① จิต [찍 / 찟]

② ติก [띡 / 딕]

③ สีท [씹 / 씻]

④ หิต [힛 / 힉]

5 저자음 + 장/단모음 + 사받침(사음)의 무형성조

1 다음 태국어의 발음을 적고 발음 위에 성조표기도 해 보세요.

> 보기
>
> ชีพ [치-ㅂ]

① นิท ....

② ชิบ ....

③ ลีบ ....

④ ภีต ....

⑤ ซีด ....

⑥ คีบ ....

2 녹음을 듣고 올바른 발음에 O표 하세요. 4-5

① นิต [닙 / 닛]

② ธิด [팃 / 틱]

③ คีต [키-ㄱ / 키-ㅅ]

④ ริบ [립r / 림r]

→정답

1
- **1** ① 찌-ㅁ ② 이우 ③ 띵 ④ 끼-ㅁ ⑤ 빔 ⑥ 삐-ㄴ
- **2** ① 딩 ② 빈 ③ 이-ㄴ ④ 띠우

2
- **1** ① 퓐f ② 키-ㅇ ③ 히-ㄴ ④ 씨-ㄴ ⑤ 씨우 ⑥ 팅
- **2** ① 씨-ㄴ ② 칭 ③ 히-우 ④ 퓌f-ㄴ

3
- **1** ① 위-ㄴ ② 인y ③ 칭 ④ 응이-우 ⑤ 키-ㅁ ⑥ 닌
- **2** ① 니-ㅁ ② 티우 ③ 힝 ④ 씨-ㄴ

4
- **1** ① 낏 ② 이-ㄱ ③ 뻿 ④ 치-ㅅ ⑤ 티-ㅂ ⑥ 찌-ㅂ
- **2** ① 찟 ② 띡 ③ 씻 ④ 힛

5
- **1** ① 닛 ② 칩 ③ 리-ㅂ ④ 피-ㅅ ⑤ 씨-ㅅ ⑥ 키-ㅂ
- **2** ① 닛 ② 팃 ③ 키-ㅅ ④ 립r

05 | 태국어의 모음과 무형성조

연습 문제

1 태국어의 장모음(생음)

1 다음 태국어의 발음을 적어 보세요.

보기

อา [아-]

① เอีย ....
② อี ....
③ อู ....
④ เออ ....
⑤ เอือ ....
⑥ อัว ....
⑦ เอ ....
⑧ อา ....
⑨ ออ ....
⑩ อือ ....
⑪ โอ ....
⑫ แอ ....

5-1

2 녹음을 듣고 태국어 모음을 바르게 적어 보세요.

보기

[아-] อา

① [오-] ....
② [으ㅓ-] ....
③ [애-] ....
④ [이-] ....
⑤ [으-] ....
⑥ [우-] ....
⑦ [으-아] ....
⑧ [에-] ....
⑨ [어-] ....
⑩ [우-워] ....
⑪ [아-] ....
⑫ [이-야] ....

2 태국어의 단모음(생음)

1 다음 태국어의 발음을 적어 보세요.

> 보기
>
> **อะ** [아̀]

① อุ .... ② เอาะ ....
③ แอะ .... ④ เอะ ....
⑤ โอะ .... ⑥ อะ ....
⑦ เออะ .... ⑧ อิ ....
⑨ อึ ....

5-2

2 녹음을 듣고 태국어로 바르게 적어 보세요.

> 보기
>
> [아̀] **อะ**

① [에̀] .... ② [으̀ㅓ] ....
③ [어̀] .... ④ [이̀] ....
⑤ [아̀] .... ⑥ [오̀] ....
⑦ [애̀] .... ⑧ [우̀] ....
⑨ [으̀] ....

→정답

1
1 ① [이̄-야] ② [이̄-] ③ [우̄-] ④ [으̄ㅓ-] ⑤ [으̄-아] ⑥ [우̄-워] ⑦ [에̄-] ⑧ [아̄-] ⑨ [어̄-] ⑩ [으̄-] ⑪ [오̄-] ⑫ [애̄-]
2 ① โอ ② เออ ③ แอ ④ อี ⑤ อือ ⑥ อู ⑦ เอือ ⑧ เอ ⑨ ออ ⑩ อัว ⑪ อา ⑫ เอีย

2
1 ① [우̀] ②[어̀] ③ [애̀] ④ [에̀] ⑤ [오̀] ⑥ [아̀] ⑦ [으̀ㅓ] ⑧ [이̀] ⑨ [으̀]
2 ① เอะ ② เออะ ③ เอาะ ④ อิ ⑤ อะ ⑥ โอะ ⑦ แอะ ⑧ อุ ⑨ อึ

06 | 태국어의 장모음(생음)과 무형성조

연습문제

1 중자음과 장모음(생음)

1 다음 태국어의 발음을 적고 발음 위에 성조표기도 해 보세요.

보기

กา [까̄-]

① ปี ....

② จา ....

③ จอ ....

④ ตี ....

⑤ แก ....

⑥ เออ ....

2 녹음을 듣고 올바른 발음에 O표 하세요. 6-1

① เดีย [드̄-아 / 디̄-야]

② เจือ [쯔̄-아 / 쯔̄ㅓ-]

③ ดัว [다̄-우 / 두̄-워]

④ เปอ [브̄ㅓ- / 쁘̄ㅓ-]

2 고자음과 장모음(생음)

1 다음 태국어의 발음을 적고 발음 위에 성조표기도 해 보세요.

보기

ฉา [차̌-]

① แส ....

② โข ....

③ ผัว ....

④ สี ....

⑤ เห ....

⑥ เหอ ....

2 녹음을 듣고 올바른 발음에 O표 하세요.

6-2

① เฝอ [프ˇㅓf- / 프ˇf-아]

② ถัว [타-ˇ우 / 투-ˇ워]

③ เขือ [ˇ크-아 / ˇ키-야]

④ ผือ [ˇ프- / 프ˇㅓ-]

3 대응저자음과 장모음(생음)

1 다음 태국어의 발음을 적고 발음 위에 성조표기도 해 보세요.

보기
ชา [¯차-]

① คือ .... ② พา ....

③ พอ .... ④ ที ....

⑤ ทัว .... ⑥ ซือ ....

2 녹음을 듣고 올바른 발음에 O표 하세요.

6-3

① เฟอ [프¯ㅓf- / 프¯f-아]

② ฮัว [하-¯우 / 후-¯워]

③ เชือ [¯쓰-아 / ¯츠-아]

④ เฟีย [프¯f-아 / 피¯f-야]

4 단독저자음과 장모음(생음)

1 다음 태국어의 발음을 적고 발음 위에 성조표기도 해 보세요.

보기
นา [나-]

① แล .... ② เรอ ....

③ เมีย .... ④ มัว ....

⑤ งา .... ⑥ วี ....

2 녹음을 듣고 올바른 발음에 O표 하세요.

6-4

① เยีย [이y-야 / 이으y-아]

② เงือ [응이-야 / 응으-아]

③ ยัว [야y-우 / 유y-워]

④ เงีย [응으-아 / 응이-야]

→정답

1
- 1 ① [삐-] ② [짜-] ③ [쩌-] ④ [띠-] ⑤ [깨-] ⑥ [으ㅓ-]
- 2 ① [디-야] ② [쯔-아] ③ [두-워] ④ [쁘ㅓ-]

2
- 1 ① [쌔-] ② [코-] ③ [푸-워] ④[씨-] ⑤ [헤-] ⑥ [흐ㅓ-]
- 2 ① [프ㅓf-] ② [투-워] ③ [크-아] ④ [프-]

3
- 1 ① [크-] ② [파-] ③ [퍼-] ④ [티-] ⑤ [투-워] ⑥ [쓰-]
- 2 ① [프ㅓf-] ② [후-워] ③ [츠-아] ④ [피f-야]

4
- 1 ① [래-] ② [르ㅓr-] ③ [미-야] ④ [무-워] ⑤ [응아-] ⑥ [위-]
- 2 ① [이y-야] ② [응으-아] ③ [유y-워] ④ [응이-야]

태국어의 장모음(생음)과 무형성조

종합 문제

1 다음 태국어의 발음과 성조를 올바르게 표기해 보세요.

① ภาษา .... ② นาที ....
③ ถือดี .... ④ รูงู ....
⑤ ดูแล .... ⑥ มอซอ ....
⑦ เจอเธอ .... ⑧ เลียหู ....
⑨ มัวซัว .... ⑩ เวลา ....
⑪ ตัวโต .... ⑫ เรือมา ....

2 녹음을 듣고 올바른 발음에 O표 하세요.

6-5

① ยาชา [야y-싸- / 야y-차-]
② ราคา [라r-카- / 라r-다-]
③ กีฬา [끼파- / 끼-ㄹ라-]
④ มือถือ [므-끄- / 므-트-]
⑤ งอแง [워-왜- / 응어-응애-]
⑥ มีเปีย [미-삐-야 / 미-쁘-아]
⑦ กอบัว [꺼-바-우 / 꺼-부-워]
⑧ เฮฮา [헤-하- / 에-아-]

→정답 **1** ① 파-싸- ② 나-티- ③ 트-디- ④ 루r-응우- ⑤ 두-ㄹ래- ⑥ 머-써- ⑦ 쯔ㅓ-트ㅓ- ⑧ 리-야후- ⑨ 무-워쑤-워 ⑩ 웨-ㄹ라- ⑪ 뚜-워또- ⑫ 르r-아마-
2 ① 야y-차- ② 라r-카- ③ 끼-ㄹ라- ④ 므-트- ⑤ 응어-응애- ⑥ 미-삐-야 ⑦ 꺼-부-워 ⑧ 헤-하-

07 | 태국어의 단모음(사음)과 무형성조

연습문제

1 중자음과 단모음(사음)

1 다음 태국어의 발음을 적고 발음 위에 성조표기도 해 보세요.

보기

กะ [까]

① เตะ .... ② ดุ ....
③ คะ .... ④ อิ ....
⑤ จุ .... ⑥ แตะ ....

2 녹음을 듣고 올바른 발음에 O표 하세요.

7-1

① เดอะ [드ㅓ / 드아] ② โตะ [떼 / 또]
③ เบาะ [바오 / 버] ④ เปะ [뻬 / 빠]

2 고자음과 단모음(사음)

1 다음 태국어의 발음을 적고 발음 위에 성조표기도 해 보세요.

보기

ผะ [파]

① เฉาะ .... ② ถึ ....
③ เหอะ .... ④ ฝึ ....
⑤ เหะ .... ⑥ แฝะ ....

2 녹음을 듣고 올바른 발음에 O표 하세요. 7-2

① เผะ [퍼̀ / 페̀]

② เสอะ [쓰̀아 / 쓰̀ㅓ]

③ หะ [호̀ / 하̀]

④ ฉึ [치̀ / 츠̀]

3 대응저자음과 단모음(사음)

1 다음 태국어의 발음을 적고 발음 위에 성조표기도 해 보세요.

보기
ชะ [차́]

① คิ ....

② ซะ ....

③ โพะ ....

④ เทาะ ....

⑤ คุ ....

⑥ แพะ ....

2 녹음을 듣고 올바른 발음에 O표 하세요. 7-3

① เพอะ [프́ㅓ / 퍼́]

② เฮะ [하́ / 헤́]

③ โฟะ [포́f / 퐈́f]

④ เชาะ [차́오 / 처́]

4 단독저자음과 단모음(사음)

1 다음 태국어의 발음을 적고 발음 위에 성조표기도 해 보세요.

보기
นะ [나́]

① มิ .... ② แนะ ....

③ ละ .... ④ รุ ....

⑤ แวะ .... ⑥ เนอะ ....

2 녹음을 듣고 올바른 발음에 O표 하세요. 7-4

① เลอะ [레́ / 르ㅓ́]

② เงะ [웨́ / 응에́]

③ เวาะ [와́ / 워́]

④ แงะ [응애́ / 응아́]

→정답

1 **1** ① 떼̀ ② 두̀ ③ 다̀ ④ 이̀ ⑤ 쭈̀ ⑥ 때̀

2 ① 드̀ㅓ ② 또̀ ③ 버̀ ④ 뻬̀

2 **1** ① 처 ② 트̀ ③ 흐̀ㅓ ④ 퓌̀f ⑤ 헤̀ ⑥ 풰̀f

2 ① 페̀ ② 쓰̀ㅓ ③ 하̀ ④ 츠̀

3 **1** ① 키́ ② 싸́ ③ 포́ ④ 터́ ⑤ 쿠́ ⑥ 패́

2 ① 프́ㅓ ② 헤́ ③ 포́f ④ 처́

4 **1** ① 미́ ② 내́ ③ 라́ ④ 루́r ⑤ 웨́ ⑥ 느ㅓ́

2 ① 르ㅓ́ ② 응에́ ③ 워́ ④ 응애́

태국어의 단모음(사음)과 무형성조

종합 문제

1 다음 태국어의 발음과 성조를 올바르게 표기해 보세요.

① นะคะ .... ② ละนะ ....

③ จะอึ .... ④ ธุระ ....

⑤ เอะอะ .... ⑥ แฉะแบะ ....

⑦ จะโปะ .... ⑧ ทะเลาะ ....

⑨ ละเมาะ .... ⑩ เฉอะแฉะ ....

⑪ ผัวะเผียะ .... ⑫ เยอะแยะ ....

2 녹음을 듣고 올바른 발음에 O표 하세요.

7-5

① มะระ [바라r / 마라r]

② ปะทะ [빠타 / 빠하]

③ กะปิ [까삐 / 까비]

④ หึหึ [히히 / 흐흐]

⑤ อุบะ [우빠 / 우바]

⑥ เละเทะ [레테 / 레타]

⑦ เงอะงะ [응으ㅓ 응아 / 응으ㅓ 응애]

⑧ มะลิ [바ㄹ리 / 마ㄹ리]

→정답 **1** ① [나카] ② [라나] ③ [짜으] ④ [투라r] ⑤ [에아] ⑥ [채배] ⑦ [짜뽀] ⑧ [타ㄹ러] ⑨ [라머] ⑩ [츠ㅓ채] ⑪ [푸워피야] ⑫ [이으ㅓy얘y]

2 ① [마라r] ② [빠타] ③ [까삐] ④ [흐흐] ⑤ [우바] ⑥ [레테] ⑦ [응으ㅓ 응아] ⑧ [마ㄹ리]

1 중자음과 기타모음

1 다음 태국어의 발음을 적고 발음 위에 성조표기도 해 보세요.

> 보기
>
> ปำ [빰]

① ใด .... ② กำ ....

③ เกา .... ④ เดา ....

2 녹음을 듣고 발음을 올바르게 연결해 보세요.

8-1

① บำ · · [짜오]

② ใอ · · [따이]

③ เจา · · [아이]

④ ไต · · [밤]

2 고자음과 기타모음

1 다음 태국어의 발음을 적고 발음 위에 성조표기도 해 보세요.

> 보기
>
> สำ [쌈]

① ใผ .... ② ฝำ ....

③ เฝา .... ④ หำ ....

2 녹음을 듣고 발음을 올바르게 연결해 보세요.

8-2

① ถ้ำ • • [타오]

② ไส • • [탐]

③ เถา • • [퐈f이]

④ ไฝ • • [싸이]

3 단독저자음과 기타모음

1 다음 태국어의 발음을 적고 발음 위에 성조표기도 해 보세요.

보기

พำ [팜]

① เซา ....

② ไพ ....

③ ซำ ....

④ ใช ....

2 녹음을 듣고 발음을 올바르게 연결해 보세요.

8-3

① ฮำ • • [함]

② เคา • • [파오]

③ ฟำ • • [카오]

④ เพา • • [퐘f]

4 대응저자음과 기타모음

1 다음 태국어의 발음을 적고 발음 위에 성조표기도 해 보세요.

보기

มำ [맘]

① เลา ....　　② ไร ....

③ เนา ....　　④ ลำ ....

2 녹음을 듣고 발음을 올바르게 연결해 보세요.

8-4

① ไม •　　• [응암]

② ไง •　　• [야y오]

③ เยา •　　• [마이]

④ งำ •　　• [응아이]

→정답

1
1. ① [다이] ② [깜] ③ [까오] ④ [다오]
2. ① [밤] ② [아이] ③ [짜오] ④ [따이]

2
1. ① [파이] ② [퐘f] ③ [퐈f오] ④ [함]
2. ① [탐] ② [싸이] ③ [타오] ④ [퐈r이]

3
1. ① [차오] ② [퐈f이] ③ [쌈] ④ [차이]
2. ① [함] ② [카오] ③ [퐘f] ④ [파오]

4
1. ① [라오] ② [라r이] ③ [나오] ④ [람]
2. ① [마이] ② [응아이] ③ [야y오] ④ [응암]

태국어의 기타모음과 무형성조

종합
문제

1 다음 태국어의 발음과 성조를 올바르게 표기해 보세요.

① จำคำ .... ② เขาเมา ....
③ กำไร .... ④ อะไร ....
⑤ ใจดำ .... ⑥ ดำน้ำ ....
⑦ ลำไย .... ⑧ เต้าหู้ ....
⑨ สีเทา .... ⑩ เอาไป ....
⑪ ใบไม้ .... ⑫ ดีใจ ....

2 녹음을 듣고 올바른 발음에 O표 하세요.

8-5

① ในน้ำ [나이나- / 나이나-ㅁ]
② เข้าใจ [차오짜이 / 카오짜이]
③ เอาใส่ใจ [아오싸이짜이 / 아오라이짜이]
④ ไม่ใหม่ [마이마이 / 마이마이]
⑤ ไม้ไหม้ [마이마이 / 마이마이]
⑥ ใช้ใหม่ [차이마이 / 차이마이]
⑦ ใช่ไหม [차이마이 / 차이마이]
⑧ ใครใส่ [드라r이싸이 / 크라r이싸이]

→정답 **1** ① [짬캄] ② [카오마오] ③ [깜라r이] ④ [아라r이] ⑤ [짜이담] ⑥ [담나-ㅁ] ⑦ [람야이] ⑧ [따오후-] ⑨ [씨-타오] ⑩ [아오빠이] ⑪ [바이마-이] ⑫ [디-짜이]
2 ① [나이나-ㅁ] ② [카오짜이] ③ [아오싸이짜이] ④ [마이마이] ⑤ [마이마이] ⑥ [차이마이] ⑦ [차이마이] ⑧ [크라r이싸이]

중간고사 1

짧은문장 읽기 연습

지금까지 배운 내용을 바탕으로 <보기>와 같이 짧은문장 읽기를 해 보세요.

보기

ตาสาชูมือถือกะลา [따-싸-추-므-트-까ㄹ라-]

① บิดากะตาทาสีศาลา

② มานะแบมือมีเงาะ

③ ในเรือสำเภามีอะไร

④ ดีใจในตำรามียาดี

⑤ อีกาเกาะเก้าอี้ตัวเตี้ย

⑥ โบกะป๋าไปเป่าปี่

⑦ ตาตีผาบิดาดูปู่ใต้ตู้

⑧ ใส่เสื้อสีดำไปป่าไผ่

⑨ ตาสีไปเฝ้าไข้ตาสา

⑩ มีไก่สี่ตัวและไข่ห้าใบ

→정답 ① [비다-까따-타-씨-싸ㄹ라-] ② [마-나배-므-미응어] ③ [나이르r-아쌈파오미-아라r이]
④ [디-짜이나이땀라r-미-야y-다-] ⑤ [이-까-꺼까-오이-뚜-워띠-야] ⑥ [보까빠-빠이빠오삐-]
⑦ [따-띠-파-비다-두-뿌-따이뚜-] ⑧ [싸이쓰-아씨-담빠이빠-파이]
⑨ [따-씨-빠이퐈f오카이따-싸-] ⑩ [미-까이씨-뚜-워래카이하-바이]

1 장모음의 변화(1)

1 다음 태국어의 발음을 적어 보세요.

보기

บึง [브̄-ㅇ]

① ถึม .... ② ถึ้น ....

③ จึด .... ④ คึน ....

⑤ มึก .... ⑥ มึน ....

2 녹음을 듣고 발음을 올바르게 연결해 보세요.

9-1

① งึ้ม • • [느̂-ㅇ]

② ฉึน • • [츠̌-ㄴ]

③ ขึ้ง • • [응으́-ㅁ]

④ ดึ่ด • • [크̂-ㅇ]

⑤ นึ่ง • • [드̀-ㅅ]

2 장모음의 변화(2)

1 다음 태국어의 발음을 적어 보세요.

① เบิก ______ ② เดิม ______

③ เชย ______ ④ เนย ______

⑤ เชิง ______ ⑥ เกิน ______

2 다음 태국어의 발음을 올바르게 연결해 보세요.

① เมิน •	• [흐ㅓ̌-ㄴ]
② เมย •	• [므ㅓ̄-ㄴ]
③ เผิน •	• [츠ㅓ̄-ㄴ]
④ เชิญ •	• [프ㅓ̌-ㄴ]
⑤ เหิน •	• [므ㅓ̄-이]

3 장모음의 변화(3)

1 다음 태국어의 발음을 적어 보세요.

> 보기
>
> กวน [꾸̄-원]

① ป่วย ______ ② บวม ______

③ จวน ______ ④ อวย ______

⑤ ขวบ ______ ⑥ ม่วง ______

2 녹음을 듣고 발음을 올바르게 연결해 보세요. 9-2

① สวน •	• [쑤-원]
② ควง •	• [쑤-워이]
③ ซวย •	• [루-원]
④ ยวด •	• 유y-웟]
⑤ ล้วน •	• [쿠-웡]

4 단모음의 변화(1)

1 다음 태국어의 발음을 적어 보세요.

보기

ต้น [뜬]

① ซน .... ② ก่น ....

③ จน .... ④ จ่ม ....

⑤ คม .... ⑥ พ่น ....

2 녹음을 듣고 발음을 올바르게 연결해 보세요. 9-3

① ดง •	• [몽]
② รส •	• [촉]
③ ลด •	• [동]
④ ชก •	• [롯]
⑤ มง •	• [롯r]

5 단모음의 변화(2)

1 다음 태국어의 발음을 적어 보세요.

보기

พัน [판̄]

① บัน .... ② จัง ....

③ ถั่น .... ④ หั่น ....

⑤ สั่ง .... ⑥ สั้น ....

2 녹음을 듣고 발음을 올바르게 연결해 보세요.

9-4

① ฝั่ง •	• [단̄]
② ดัน •	• [싹̀]
③ สับ •	• [팡̀f]
④ สัก •	• [칸̂]
⑤ ขั้น •	• [쌉̀]

6 단모음의 변화(3)

1 다음 태국어의 발음을 적어 보세요. (단모음으로 발음해야 하는 예문으로 구성하였습니다)

보기

แพ่ง [팽̂]

① เร่ง .... ② แจ่ม ....

③ ย่อม .... ④ จ้อง ....

⑤ แป่ง ....

2 녹음을 듣고 발음을 올바르게 연결해 보세요.

9-5

① แจ้ง •　　　　• [쨍̂]

② แช่ง •　　　　• [팬̀]

③ แผ่น •　　　　• [넝̂]

④ ช่อง •　　　　• [챙̂]

⑤ น่อง •　　　　• [청̂]

→정답

1
1 ① [트̌-ㅁ] ② [트̂-ㄴ] ③ [쯔̀-ㅅ] ④ [크̄-ㄴ] ⑤ [므̂-ㄱ] ⑥ [므̄-ㄴ]
2 ① [응으̄-ㅁ] ② [츠̌-ㄴ] ③ [크̂-ㅇ] ④ [드̀-ㅅ] ⑤ [느̂-ㅇ]

2
1 ① [브ㅓ̀-ㄱ] ② [드ㅓ̄-ㅁ] ③ [츠ㅓ̄-이] ④ [느ㅓ̄-이] ⑤ [츠ㅓ̄-ㅇ] ⑥ [끄ㅓ̄-ㄴ]
2 ① [므ㅓ̄-ㄴ] ② [므ㅓ̄-이] ③ [프ㅓ̌-ㄴ] ④ [츠ㅓ̄-ㄴ] ⑤ [흐ㅓ̌-ㄴ]

3
1 ① [뿌̀-워이] ② [부̄-웜] ③ [쭈̄-원] ④ [우̄-워이] ⑤ [쿠̀-웝] ⑥ [무̂-웡]
2 ① [쑤̌-원] ② [쿠̄-웡] ③ [쑤̌-워이] ④ [유̂y-웟] ⑤ [루́-원]

4
1 ① [쏜̄] ② [꼰̀] ③ [쫀̄] ④ [쫌̀] ⑤ [콤̄] ⑥ [폰̂]
2 ① [동̄] ② [롯́r] ③ [롯́] ④ [촉́] ⑤ [몽̄]

5
1 ① [반̄] ② [짱̄] ③ [탄̀] ④ [한̀] ⑤ [쌍̀] ⑥ [싼̂]
2 ① [꽝̀f] ② [단̄] ③ [쌉̀] ④ [싹̀] ⑤ [칸̂]

6
1 ① [렝̂r] ② [쨈̀] ③ [염̂y] ④ [쩽̂] ⑤ [뱅̀] ⑥ [왠̂]
2 ① [쨍̂] ② [챙̂] ③ [팬̀] ④ [청̂] ⑤ [넝̂]

태국어의 모음의 변화

종합 문제

1 다음 태국어의 발음과 성조를 올바르게 표기해 보세요.

① เคยเจอ .... ② เมยเลย ....

③ เดินลง .... ④ คืนเงิน ....

⑤ นมสด .... ⑥ ฝนตก ....

⑦ ฝันผม .... ⑧ สวนสวย ....

⑨ ชกมวย .... ⑩ ด้วยกัน ....

⑪ เห็นชัด .... ⑫ เปิดเผย ....

2 녹음을 듣고 올바른 발음에 O표 하세요.

9-6

① วันเกิด [완끄ㅓ-ㄱ / 완끄ㅓ-ㅅ]

② ขับรถ [캅롯 / 캅록]

③ รสเผ็ด [롯펫 / 롯펫]

④ เลิกกัน [르ㅓ-ㄱ깜 / 르ㅓ-ㄱ깐]

⑤ สดชื่น [쏫쓰-ㄴ / 쏫츠-ㄴ]

⑥ กดเงิน [꼿응으ㅓㄴ / 꼿응으ㅓㅁ]

⑦ เติมเต็ม [뜨ㅓ-ㅁ뗀 / 뜨ㅓ-ㅁ뗌]

⑧ เพิ่งเริ่ม [프ㅓ-ㅇ르ㅓ-ㅁ / 프ㅓ-ㅇ레-ㅁ]

→정답 **1** ① 크ㅓ-이쯔ㅓ- ② 므ㅓ-이르ㅓ-이 ③ 드ㅓ-ㄴ롱 ④ 크-ㄴ응으ㅓㄴ ⑤ 놈솟 ⑥ 폰f똑 ⑦ 퐌f폼 ⑧ 쑤-원쑤-워이 ⑨ 촉무-워이 ⑩ 두-워이깐 ⑪ 헨찻 ⑫ 쁘ㅓ-ㅅ프ㅓ-이

2 ① 완끄ㅓ-ㅅ ② 캅롯 ③ 롯펫 ④ 르ㅓ-ㄱ깐 ⑤ 쏫츠-ㄴ ⑥ 꼿응으ㅓㄴ ⑦ 뜨ㅓ-ㅁ뗌 ⑧ 프ㅓ-ㅇ르ㅓ-ㅁ

중간고사 2

짧은문장 읽기 연습

지금까지 배운 내용을 바탕으로 <보기>와 같이 짧은문장 읽기를 해 보세요.

보기

เขากำลังไปเอาถังผง [카오깜랑빠이아오탕퐁]

① ลิงกังทำเพิงพังวิ่งไป ....

② ตาตวงลงพุงถือถุง ....

③ ตายืนยันจะขนดิน ....

④ กันยายนเป็นเดือนที่เก้า ....

⑤ กำนันถือเงินไปหอฉัน ....

⑥ เข็มลืมชิมไข่เต่า ....

⑦ ขิมได้คำชมว่าผมหอม ....

⑧ เธอถือยาดมกับยาอม ....

⑨ นักชกตัวเล็กฝึกมวย ....

⑩ ที่ตึกคึกคักมีเด็กน่ารัก ....

→정답 ① [링깡탐프ㅓ-ㅇ팡윙빠이] ② [따-뚜-웡롱풍트-퉁] ③ [따-이으y-ㄴ얀y짜콘딘]
④ [깐야y-욘y뻰드-안티-까-오] ⑤ [깜난트-응으ㅓㄴ빠이허-찬]
⑥ [켐르-ㅁ침카이따오] ⑦ [킴다이캄촘와-폼허-ㅁ]
⑧ [트ㅓ-트-야y-돔깝야y-옴] ⑨ [낙촉뚜-워렉픅f무-워이]
⑩ [티-뜩크 칵미-덱나-락r]

10 | 태국어의 결합자음과 유/무형성조

연습문제

1 진성복합자음 + 장/단/기타모음의 유/무형성조

1 다음 태국어의 발음을 적어 보세요.

보기

กรี [끄리r-]

① เขว ....

② ไกว ....

③ เครือ ....

④ เกลือ ....

⑤ ตรี ....

⑥ เคลีย ....

2 녹음을 듣고 발음을 올바르게 연결해 보세요.

10-1

① แกละ ·

② ขระ ·

③ ใคร่ ·

④ ขรุ ·

⑤ คว้า ·

· [크루]

· [크라]

· [끌래]

· [콰-]

· [크라이]

2 진성복합자음 + 장/단모음 + 생받침의 유/무형성조

1 다음 태국어의 발음을 적어 보세요.

보기

พร้าว [프라́r-우]

① เกลี้ยง .... ② พรุ่ง ....

③ เกวียน .... ④ ปรัม ....

⑤ กล้าม .... ⑥ โครง ....

2 녹음을 듣고 발음을 올바르게 연결해 보세요. 10-2

① ปรง • • [쾌̌-ㅇ]

② แขวง • • [나̀-이]

③ หน่าย • • [쾌̌-ㄴ]

④ ความ • • [쁘롱̄r]

⑤ แขวน • • [콰̄-ㅁ]

3 진성복합자음 + 장/단모음 + 사받침의 유/무형성조

1 다음 태국어의 발음을 적어 보세요.

보기

ปลูก [쁠루-ㄱ]

① ปลุก ....　　② ครบ ....

③ ตรอก ....　　④ กรอบ ....

⑤ พลาด ....　　⑥ ปรด ....

2 녹음을 듣고 발음을 올바르게 연결해 보세요.

10-3

① เพลิด •	• [꽈-ㅅ]
② พรัด •	• [쁠르-악]
③ พราก •	• [프라r-ㄱ]
④ เปลือก •	• [프랏r]
⑤ กวาด •	• [플르ㅓ-ㅅ]

→정답

1 ❶ ① [퀘-] ② [꽈이] ③ [크르r-아] ④ [끌르-아] ⑤ [뜨리r-] ⑥ [클라-야]
❷ ① [끌래] ② [크라] ③ [크라r이] ④ [크루] ⑤ [콰-]

2 ❶ ① [끌리-양] ② [프룽] ③ [끄위-얀] ④ [쁘람] ⑤ [끌라-ㅁ] ⑥ [크로r-ㅇ]
❷ ① [쁘롱r] ② [쾌-ㅇ] ③ [나-이] ④ [콰-ㅁ] ⑤ [쾌-ㄴ]

3 ❶ ① [쁠룩] ② [크롭r] ③ [뜨러r-ㄱ] ④ [끄러r-ㅂ] ⑤ [플라-ㅅ] ⑥ [쁘롯r]
❷ ① [플르ㅓ-ㅅ] ② [프랏r] ③ [프라r-ㄱ] ④ [쁠르-악] ⑤ [꽈-ㅅ]

진성복합자음

종합 문제

1 다음 태국어의 발음과 성조를 올바르게 표기해 보세요.

① ขรุขระ ....

② กลัวกล้วย ....

③ ครอบครัว ....

④ กระโปรง ....

⑤ ปรับปรุง ....

⑥ โปรแกรม ....

⑦ ไขว่คว้า ....

⑧ โพล้เพล้ ....

⑨ พร่ำเพรื่อ ....

2 녹음을 듣고 올바른 태국어에 O표 하세요.

10-4

① ตะไคร้ / ตะกร้า

② กะเพรา / กระเพาะ

③ เพราะปลูก / เพาะปลูก

④ มะพร้าว / มะพลับ

⑤ เปลี่ยนแปลง / ปลอมแปลง

⑥ ของขวัญ / คอควาย

⑦ ใจกว้าง / ใจกวาง

⑧ คล้ายคลึง / คล้ายครึ่ง

→정답

1 ① [크루r크라r] ② [끌루-워끌루-워이] ③ [크러r-ㅂ크루r-워] ④ [끄라r쁘로r-ㅇ] ⑤ [쁘랍r쁘룽r] ⑥ [쁘로r-끄래r-ㅁ] ⑦ [콰이콰-] ⑧ [플로-플레-] ⑨ [프람r프르r-아]

2 ① ตะกร้า [따끄라r-] ② กะเพรา [까프라r오] ③ เพาะปลูก [퍼쁠루-ㄱ] ④ มะพร้าว [마프라r-우] ⑤ เปลี่ยนแปลง [쁠리-얀쁠래-ㅇ] ⑥ คอควาย [커-콰-이] ⑦ ใจกว้าง [짜이꽈-ㅇ] ⑧ คล้ายคลึง [클라이클릉]

중간고사 3

짧은문장 읽기 연습

지금까지 배운 내용을 바탕으로 <보기>와 같이 짧은문장 읽기를 해 보세요.

보기

ซื้อกะเพราและหัวปลี [쓰-까프라r오래후-워쁠리]

① เวลาโพล้เพล้ย่าไกวเปล ____________________

② ตาเผลอไผลไปคว้า ____________________

③ เขาเอามือขวาคว้าผ้าแพร ____________________

④ พี่กำลังเป่าแตรที่แคร่ ____________________

⑤ ครูถือกระเป๋ามาแต่เช้าตรู่ ____________________

⑥ ใครถือพล่าเนื้อมา ____________________

⑦ พ่อพร่ำว่าจะไปเกาะคราม ____________________

⑧ ย่าไปดูปลาตัวแปลก ____________________

⑨ เรือที่พาไปใหญ่กว่าใคร ____________________

⑩ ปู่ไกล่เกลี่ยให้ย่าเข้าใจพ่อ ____________________

→정답 ① [웨-ㄹ라-플로-플레-야y-꽈이쁠레-] ② [따-플르ㅓ-플라이빠이콰-]
③ [카오아오므-콰-콰-파-프래r-] ④ [피-깜랑빠오뜨래r-티크래r-]
⑤ [크루r-트-끄라r빠오마-때-차오뜨루r-] ⑥ [크라이r트-플라-느-아마-]
⑦ [퍼-프람r와-짜빠이꺼크라r-ㅁ] ⑧ [야y-빠이두-쁠라-뚜-워쁠래-ㄱ]
⑨ [르r-아티-파-빠이야이꽈-크라r이] ⑩ [뿌-끌라이끌리-야하이야y-카오짜이퍼-]

11 | ห + 단독저자음 + 장모음의 유/무형성조

연습 문제

1 다음 태국어의 발음을 적어 보세요.

보기

โหล [로̌-]

① หลา ....　② หรอ ....

③ หนอ ....　④ หน่า ....

⑤ หม้า ....　⑥ หงา ....

2 녹음을 듣고 발음을 올바르게 연결해 보세요.

11-1

① เหรอ •　• [리̌-]

② หลี •　• [므̌-아]

③ เหงือ •　• [우̌-워]

④ หวัว •　• [르ㅓ̌r-]

⑤ เหมือ •　• [응으̌-아]

→정답 **1** ① [라̌-] ② [러̌r-] ③ [너̌-] ④ [나̀-] ⑤ [마̂-] ⑥ [응아̌-]

2 ① [르ㅓ̌r-] ② [리̌-] ③ [응으̌-아] ④ [우̌-워] ⑤ [므̌-아]

12 | ห + 단독저자음 + 장 /단모음 + 생/사받침의 유/무형성조

연습 문제

1 다음 단어의 발음과 성조를 알맞게 표기해 보세요.

보기

หมอก [머-ㄱ]

① หลวม .... ② หมัก ....

③ หลับ .... ④ กุหลาบ ....

⑤ กำหนด .... ⑥ หลิง ....

2 녹음을 듣고 발음을 올바르게 연결해 보세요.

12-1

① หน่วย •	• [리-ㄱ]
② หมึก •	• [응애-]
③ หนวด •	• [누-워이]
④ แหง่ •	• [므]
⑤ หลีก •	• [누-웟]

→정답

1 ① [루-웜] ② [막] ③ [랍] ④ [꾸ㄹ라-ㅂ] ⑤ [깜놋] ⑥ [링]

2 ① [누-워이] ② [믁] ③ [누-웟] ④ [응애-] ⑤ [리-ㄱ]

ห + 단독저자음의 유/무형성조

종합 문제

1 다음 태국어의 발음과 성조를 올바르게 표기해 보세요.

① หรูหรา ....
② หม้อหมอ ....
③ หน้าหมา ....
④ หน้าหนาว ....
⑤ หนีหนี้ ....
⑥ หมาใหญ่ ....
⑦ หลอแหล ....
⑧ เหมือนหมู ....
⑨ เหงาหรือ ....
⑩ เหงื่อไหล ....

2 녹음을 듣고 올바른 태국어에 O표 하세요.

12-2

① มีหนู / หมีหนู
② ไหวไหม / ไหว้ไหม
③ เมนู / แม่หนู
④ ไฟไหม / ไฟไหม้
⑤ ปลาไหล / ปลาลาย
⑥ หลานเหมา / หลานเมา
⑦ หมอไหม / มอใหม่
⑧ ม้าไหน / หมาไน

→정답

1 ① [루̌r-라̌r-] ② [머̂-머̌-] ③ [나̂-마̌-] ④ [나̂-나̌-우] ⑤ [니̌-니̂-]
⑥ [마̌-야̀y이] ⑦ [러̌-래̌-] ⑧ [므̌-안무̌-] ⑨ [응아̌오르̌r-] ⑩ [응̀으-아ㄹ라̌이]

2 ① มีหนู [미̄-누̌-] ② ไหวไหม [와̌이마̌이] ③ แม่หนู [매̂-누̌-]
④ ไฟไหม้ [파̄f이마̂이] ⑤ ปลาไหล [쁠라̄-ㄹ라̌이] ⑥ หลานเมา [라̌-ㄴ마̄오]
⑦ หมอไหม [머̌-마̌이] ⑧ ม้าไหน [마́-나̌이]

중간고사 4

짧은문장 읽기 연습

지금까지 배운 내용을 바탕으로 <보기>와 같이 짧은문장 읽기를 해 보세요.

보기

หนูหนีหมีไปเจอหมู [누-니-미-빠이쯔ㅓ-무-]

① ในหม้อใบใหญ่ ....

② มีหน่อไม้เหลือเฟือ ....

③ หลานชายหน้าตาหล่อ ....

④ เหมาซื้อผ้ามาหลายหลา ....

⑤ เอาผ้าไหมไปให้ผู้ใหญ่ ....

⑥ หมอใส่ยาที่หัวไหล่ ....

⑦ ทำไมไฟไหม้ที่เหนือ ....

⑧ หมาป่าตัวใหญ่เจอหมี ....

⑨ พ่อไปหาเหล้าในตู้เย็น ....

⑩ เอาไม้ใหญ่ไล่ตีหมา ....

→정답 ① [나이머-바이야y이] ② [미너-마이르-아프f-아] ③ [라-ㄴ차-이나-따-러-]
④ [마오쓰-파-마-라-이ㄹ라-] ⑤ [아오파-마이빠이하이푸-야y이]
⑥ [머-싸이야y-티-후-워라이] ⑦ [탐마이퐈f이마이티-느-아] ⑧ [마-빠-뚜-워야y-이쯔ㅓ-미-]
⑨ [퍼-빠이하-ㄹ라오나이뚜-옌y] ⑩ [아오마이야y이라이띠-마-]

13 | 중/고자음 + 단독저자음 + 장/단모음의 무형성조

연습 문제

1 다음 단어의 발음과 성조를 알맞게 표기해 보세요.

보기

ฉลอง [차ㄹ러-ㅇ]

① **ขนาด**	② **สยอง** ....
③ **สลับ**	④ **เฉลิม** ....
⑤ **สยบ**	⑥ **ฉนวน** ....

2 녹음을 듣고 발음을 올바르게 연결해 보세요.

13-1

① **ผนัง** •	• [차낭]
② **ผสม** •	• [파낭]
③ **ผสาน** •	• [싸와-ㅇ]
④ **ฉนัง** •	• [파쏨]
⑤ **สวาง** •	• [파싸-ㄴ]

→정답 **1** ① [카나-ㅅ] ② [싸여y-ㅇ] ③ [쌀랍] ④ [찰르ㅓ-ㅁ] ⑤ [싸욥] ⑥ [차누-원]
2 ① [파낭] ② [파쏨] ③ [파싸-ㄴ] ④ [차낭] ⑤ [싸와-ㅇ]

중/고자음 + 단독저자음

종합
문제

1 다음 태국어의 발음과 성조를 올바르게 표기해 보세요.

① สนับสนุน	....	② สม่ำเสมอ	....
③ แสงสว่าง	....	④ เฉลียวฉลาด	....
⑤ เฉลยความ	....	⑥ เปรียบเสมือน	....
⑦ สนุกสนาน	....	⑧ เสมียนใหญ่	....
⑨ สยดสยอง	....	⑩ แกะสลัก	....

2 녹음을 듣고 올바른 발음에 O표 하세요.

13-2

① เดินถนน [드ㅓ-ㄴ타논 / 드ㅓ-ㄴ타논]

② กินขนม [낀카놈 / 낀카놈]

③ ฉลามฉลาด [찰라-ㅁ찰라-ㅅ / 찰라-ㅁ찰라-ㅅ]

④ ไปตลาดตลอด [빠이딸라-ㅅ딸러-ㅅ / 빠이딸라-ㅅ딸러-ㅅ]

⑤ สนุกตลก [싸눅딸록 / 싸눅딸록]

⑥ ตลบหลัง [딸롭랑 / 딸롭랑]

⑦ เอร็ดอร่อย [아렛r아러r-이 / 아렛r아러r-이]

⑧ ขยายความ [카야y-이콰-ㅁ / 카야y-이콰-ㅁ]

→정답

1 ① [싸납싸눈] ② [싸맘싸므ㅓ-] ③ [쌔-ㅇ싸와-ㅇ] ④ [찰리-여우찰라ㅏ-ㅅ] ⑤ [찰르ㅓ-이콰-ㅁ] ⑥ [쁘리r-얍싸므-안] ⑦ [싸눅싸나-ㄴ] ⑧ [싸미-얀야y이] ⑨ [싸욧y싸여y-ㅇ] ⑩ [깨쌀락]

2 ① [드ㅓ-ㄴ타논] ② [낀카놈] ③ [찰라-ㅁ찰라-ㅅ] ④ [빠이딸라-ㅅ딸러-ㅅ] ⑤ [싸눅딸록] ⑥ [딸롭랑] ⑦ [아렛r아러r-이] ⑧ [카야y-이콰-ㅁ]

14 | 발음과 성조법의 예외

연습
문제

1 자음이나 모음이 발음되지 않는 음절 읽기

1 다음 단어의 발음과 성조를 알맞게 표기해 보세요.

보기

แพทย์ [패-ㅅ]

① แสตมป์ .... ② จันทร์ ....
③ สวัสดิ์ .... ④ ศิษย์ ....
⑤ พันธุ์ .... ⑥ อินเทอร์เน็ต ....

2 녹음을 듣고 올바른 발음에 ○표 하세요.

14-1

① ชาติ [차-띠 / 차-ㅅ]

② ภูมิ [푸-미 / 푸-ㅁ]

③ บาร์โค้ด [바-코-ㄱ / 바-코-ㅅ]

④ ญาติ [야-ㅅ / 야-띠]

⑤ สิญจน์ [싼 / 씬]

→정답 **1** ① [싸때-ㅁ] ② [짠] ③ [싸왓] ④ [씻] ⑤ [판] ⑥ [인트ㅓ-넷]
2 ① [차-ㅅ] ② [푸-ㅁ] ③ [바-코-ㅅ] ④ [야y-ㅅ] ⑤ [씬]

자음이나 모음이 발음되지 않는 음절 읽기 종합문제

1 다음 태국어의 발음과 성조를 올바르게 표기해 보세요.

① คริสต์มาส ....

② ภูมิศาสตร์ ....

③ ฮอร์โมน ....

④ อนุสาวรีย์ ....

⑤ ชนินทร์ ....

⑥ นัยน์ตา ....

⑦ สัญลักษณ์ ....

⑧ ทิวทัศน์ ....

⑨ นรินทร์ ....

⑩ เปอร์เซ็นต์ ....

14-2

2 녹음을 듣고 올바른 발음에 O표 하세요.

① เวทมนตร์ [웨-ㅅ타몬 / 웨-ㅅ몬] ② ชาติพันธุ์ [차-ㅅ띠판 / 차-ㅅ판]

③ ธงไตรรงค์ [통뜨라r이롱 / 통뜨r라잉] ④ บาร์เลย์ [바ㄹ레- / 바ㄹ레-이]

⑤ เบญจรงค์ [베-ㄴ나짜롱r / 베-ㄴ짜롱r] ⑥ ประดิษฐ์ [쁘라r딥 / 쁘라r딧]

⑦ ผลิตภัณฑ์ [팔릿따판 / 팔릿판] ⑧ วอลเลย์บอล [원레번 / 원레번]

→정답 **1** ① [크릿r맛] ② [푸-미싸-ㅅ] ③ [허-머-ㄴ] ④ [아누싸-와리r-] ⑤ [차닌]
⑥ [나이따-] ⑦ [싼야y락] ⑧ [티우탓] ⑨ [나린r] ⑩ [쁘ㅓ쎈]
2 ① [웨-ㅅ몬] ② [차-ㅅ띠판] ③ [통뜨라r이롱r] ④ [바ㄹ레-] ⑤ [베-ㄴ짜롱r]
⑥ [쁘라r딧] ⑦ [팔릿따판] ⑧ [원레번]

15 | ร [러-] 관련 발음의 예외

연습문제

1 다음 단어의 발음과 성조를 알맞게 표기해 보세요.

보기

มิตร [밋́]

① สามารถ .... ② ทรยศ ....
③ จระเข้ .... ④ กร ....
⑤ จร .... ⑥ สมัคร ....

2 녹음을 듣고 올바른 발음에 ○표 하세요. 15-1

① สรรค์ [싼̌ / 싹̀]
② มรกต [몬̄라́r꼿̀ / 머̄-라́r꼿̀]
③ สวรรค์ [싸̀원̌ / 싸̀완̌]
④ ธรรมชาติ [터̄라́r롬̄r마́차̂-ㅅ / 탐̄마́차̂-ㅅ]
⑤ พรรค [팟́ / 팍́]

→정답 **1** ① [싸̌-마̂-ㅅ] ② [터̄-라́r욧́] ③ [쩌̄-라́r케̂-] ④ [꺼̄-ㄴ] ⑤ [쩌̄-ㄴ] ⑥ [싸̀막̀]
2 ① [싼̌] ② [머̄-라́r꼿̀] ③ [싸̀완̌] ④ [탐̄마́차̂-ㅅ] ⑤ [팍́]

종합문제

ร러-] 관련 발음의 예외

다음 태국어의 발음과 성조를 올바르게 표기해 보세요.

① ชิงช้าสวรรค์ ....

② อัศจรรย์ ....

③ สร้างสรรค์ ....

④ กรรมสิทธิ์ ....

⑤ คนธรรพ์ ....

⑥ ปฏิกรณ์ ....

⑦ มหัศจรรย์ ....

⑧ พรสวรรค์ ....

⑨ วิสรรชนีย์ ....

⑩ ไวยากรณ์ ....

→정답 ① [칭차-싸완] ② [앗싸짠] ③ [싸-ㅇ싼] ④ [깜마씻] ⑤ [콘탄] ⑥ [바띠꺼-ㄴ] ⑦ [마핫싸짠] ⑧ [퍼-ㄴ싸완] ⑨ [위싼차니-] ⑩ [와이야y-꺼-ㄴ]

16 | 기타 자음 또는 모음의 발음

1 다음 단어의 발음과 성조를 알맞게 표기해 보세요.

보기

บดี [버-디-]

① บริเวณ .... ② บริสุทธิ์ ....

③ ราชพฤกษ์ .... ④ ปฐมฤกษ์ ....

⑤ บริบูรณ์ .... ⑥ บริรักษ์ ....

2 녹음을 듣고 올바른 발음에 ○표 하세요. 16-1

① บริภัณฑ์ [버-리r탄 / 버-리r판]

② บัณเฑาะก์ [반더 / 반터]

③ ปริมณฑล [쁘리r몬톤 / 빠리r몬톤]

④ บริโภค [버-리r포-ㄱ / 바리r포-ㄱ]

⑤ บริบท [바리r봇 / 버-리r봇]

→정답 **1** ① [버-리r웨-ㄴ] ② [버-리r쑷] ③ [라-ㅅ차프륵r] ④ [빠톰마르r-ㄱ] ⑤ [버-리r부-ㄴ] ⑥ [버-리r락r]

2 ① [버-리r판] ② [반더] ③ [빠리r몬톤] ④ [버-리r포-ㄱ] ⑤ [버-리r봇]

17 | 기타 발음과 성조법의 예외

연습 문제

1 다음 단어의 발음과 성조를 알맞게 표기해 보세요.

보기

ประวัติ [쁘라r왓]

① กำเนิด .... ② สำเร็จ ....

③ จำแนก .... ④ อดิเรก ....

⑤ ประโยค .... ⑥ กำราบ ....

2 녹음을 듣고 올바른 발음에 O표 하세요. 17-1

① คีย์การ์ด [키-까-ㅅ / 키-까-ㅅ]

② ตำรับ [땀랍r / 땀랍r]

③ สิริ [씨리r / 씨리r]

④ ประวัติ [쁘라r왓 / 쁘라r왓]

⑤ ดำรัส [담랏r / 담랏r]

→정답 **1** ① [깜느ㅓ-ㅅ] ② [쌈렛r] ③ [짬내-ㄱ] ④ [아디레r-ㄱ] ⑤ [쁘라r요-ㄱ] ⑥ [깜라r-ㅂ]
2 ① [키-까-ㅅ] ② [땀랍r] ③ [씨리r] ④ [쁘라r왓] ⑤ [담랏r]

태국어의 성조 결정 순서

태국어의 성조를 결정할 때 아래의 순서대로 적용해 보세요!

주의 성조부호의 유무를 제일 먼저 확인하세요!

단어에 성조부호가

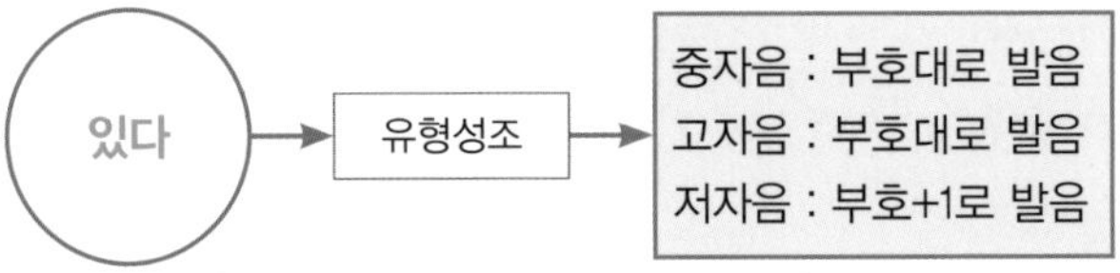

단어에 성조부호가

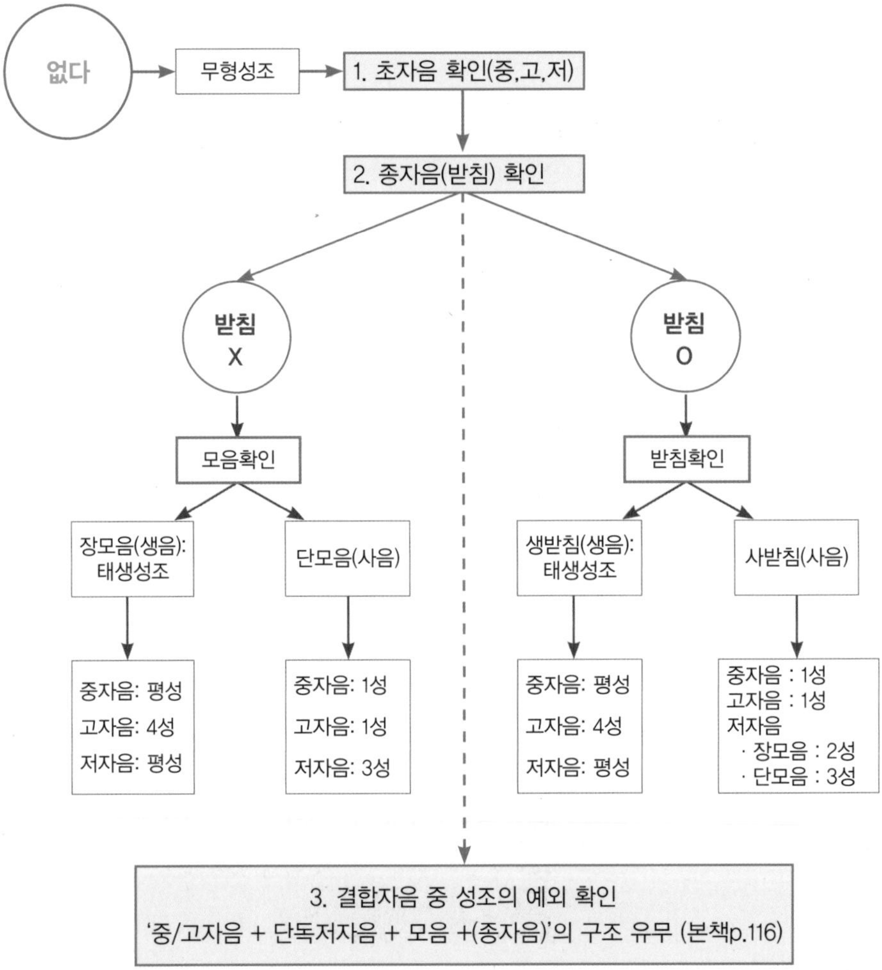

언어는
인간의 위대한
공동의 기억이다

인간이 다른 동물과 구별되는 점은
언어를 사용한다는 것입니다.
언어를 통해 사회생활, 문화창조와 계승, 발전해왔습니다.
오직 인간만이 누릴 수 있는 언어에
오롯이 몰입해봅시다.

문자는
2차적인
기억의 시스템이다

인류 문명의 탄생은 언어의 문자로 시작됩니다.
인류 시대의 이후 역사시대의 시작에 문자가 있습니다.
우리가 시작하는 태국어는 문자가 쓰기가 어렵고
성조와 모음, 자음 발음 및 악센트를 익힙니다.
발음은 반복 연습하는 것이 중요합니다.

값 15,000원
ISBN 979-11-970617-9-0